咖啡与茶
超时空系列

孔子与苏

U0506708

Σωκράτης

超时空对话

⊙郭时羽　编著

上海古籍出版社

值得一走的时空之旅

咖啡,陪伴着多少西方大师畅想著书;清茶,陪伴着多少中国大师冥思立说。一东一西相距万里,前前后后时隔数千年,大师们彼此未曾谋面,但当他们跨越时空来到一起,绝妙的精神裂变瞬间爆发!那些莫名的意识巧合、揪心的情感抒发、睿智的观念冲撞、消魂的词藻往来……将沉眠于固态的心灵彻底融化!智慧荡漾于星际之间,情感振颤于地轴两端。来吧,放下尘世的万般纠结,去走一趟大师级的时空跨越之旅……

—— 底 谓

目　录

东西相映的光辉

超时空教授: 同学们，大家好! 今天是宇宙历1234年，欢迎各位来到银河哲学课堂。本学期第一堂课，我们有幸请来五千年前，地球上最有名的、被后世并称为人类导师的两位思想巨人，来跟大家交流。各位同学也许听说过，关于地球历史上"轴心时代"的概念。自从公元3111年，银河系外的第一个可居住星球被发现并成功登陆，人类不再局限于母星地球，从此开始了宇宙历纪年，在那之前的很长一段时间，公元纪年是最通行的。而公元纪年的开始，其实是地球上一个著名的宗教认为他们崇奉的偶像——上帝之子基督诞生的年份。但事实上，早在基督诞生之前，地球上已经有了发达的文明与伟大的智慧，尤其是公元前600年至公元前300年，在东方与西方几乎同时出现了思想的大爆发，同时诞生了人类文明的奠基者，这就是传说中的轴心时代。那些思想以及由此形成的许多传统，至今仍在影响着5000年后，距地球已经数百万光年的我们。大概，无论过去多久，无论走得多远，只要我们仍然是地球一脉人类的后代，就不可能不受到他们的影响。只是很多时候，人们往往并未意识到这一点。 这也是我们课堂的意义，当各位有机会直面5000年前的伟人，会发现：许多当下听起来很酷炫的想法，原来他们早就已经说过了；许多习以为常的做法，其实是由他们创立的流派确立并传承至今的。更奇妙的是，我们今天请来的两位导师，虽然一东一西，相隔万里，他们的人生经历、思想理念却有很多共通之处。这一点早在地球上就已经被发现，并且被无数次研究、探讨，而之所以会如此，大约只能被归因于人类的天性，以及宇宙中某种不可触摸却又真实不虚的本源规律吧。

说到现在，大家是否已经着急见到两位导师了呢？接下去，让我们立刻开始调频，接通来自东方的孔丘孔夫子，和来自西方的苏格拉底先生！当然，请各位同学注意，我们运用了最先进的虫洞设备，与两位导师进行脑波交流，并将他们的形象投影到课堂，进行穿越时空的远距离对话，但两位先生的本尊，仍然分别在古地球春秋时期和古希腊时期，对他们来说，只是做了一场梦一样。请粉丝们不要过于激动，试图握手或拥抱，以免损坏设备。谢谢。

第一章 引子（形貌）

超时空教授: 我们的设备正分成两个波段, 与公元前500年的中国和公元前400年的希腊连接。孔子大约生活于公元前551年至前479年, 苏格拉底大约生活于公元前468年至前399年。他们两位都活了70岁左右, 而彼此时代相隔不到一百年。这点时间, 在历史长河中真是微乎其微的。但我们追寻灵魂波动而去, 一定能找到他们; 只是由于时空的遥远, 难以确切定位到具体日期, 不知道连接上的那一刻, 他们在做什么呢?

　　好, 信号初步建立连接, 3D影像已经传送过来了! 虽然脑波尚未完全接驳, 还无法开始对话, 但我们已经可以看到孔子和苏格拉底的形象了。哦, 真是让人惊奇, 这两位以智慧、哲理闻名的精神导师, 形象却完全不是文弱书生的样子, 都相当魁梧, 看来十分孔武有力呢!

　　根据我查阅的中华古国典籍, 孔夫子胳膊很长, 背微微有些驼(《孔丛子·嘉言》:"修肱而龟背。"),

"长九尺有六寸，时谓长人"（《史记·孔子世家》），按照后人的推算，每尺约23.1厘米，则孔子身高221.76厘米。又有说他"腰大十围"（《路史·后纪九》注引《世本》）的，一围相当于半尺，则腰围有115.5厘米（以上均据李零《去圣乃得真孔子》，生活·读书·新知三联书店2008年版）。这个数字，我怀疑是有所夸张的，中国古人喜欢用这种修饰手法，不过，也可能是尺寸换算标准不同。无论如何，孔子身材高大是毋庸置疑的了。但从我们现在所见的形象而言，虽然高大魁梧，却一看便是读书人，有种宁静又沉稳的书香气质。看来，他的弟子们说他温和中带有严厉，威严而不凶猛，庄重而安详，是有道理的呢。

　　子温而厉，威而不猛，恭而安。（《论语·述而》）

再来看苏格拉底先生，他的体格可真是壮实，肌肉发达（可惜孔夫子穿着宽袍大袖，把躯体遮得非常严实，不像来自古希腊的苏格拉底那样露出肩膀和胳膊，所以我们无从比较了）。据史料记载，他至少参加过三次战争，并且表现出色，而且他重视体育锻炼，其力量与耐力无疑都是超过常人的。

从面貌来看，两位导师也都各具特色啊！孔子据说"生而首上圩顶，故因名曰丘云"（《史记·孔子世家》），也就是生来头顶凹陷下一块，所以起名为"丘"。可惜他戴着冠，我们看得不是太清楚。不过，也有人认为"圩顶"是头顶脱发的意思（李零《去圣乃得真孔子》），如果这样的话，倒是跟苏格拉底有相似之处。我们可以看到，苏格拉底也是有一定秃顶现象的（从现存画像、雕像来看）。中国有句古话叫"聪明绝顶"，后人开玩笑说这是聪明人头顶上毛发掉光的意思，莫非还真有些道理？

另外，我们看到，两位导师的脸盘都比较大。（《荀子·非相》："仲尼之状，面如蒙倛。" 蒙倛有两种说法，一说是古时腊月驱逐疫鬼或出丧时所用之神像。脸方而丑，发多而乱，形凶恶。又有说"倛"是指脸方，蒙是指头发凌乱。无论如何，方脸盘应该是无疑的。）中国古代以"面若银盘"为福相，跟后来的

讲究瓜子脸的审美取向完全不同。在这一点上，古希腊也是一样的，健壮才是美。

咦，我发现，他们还有一点相似处：耳朵都向后紧贴脑袋。中国的另一本古籍中说孔子"后耳"（《庄子·外物》），就是这个意思。而苏格拉底先生也有这个特征（从现存画像、雕像来看）。这是个有趣的巧合吗？还是说这也是聪明人的象征呢？

不得不承认，光从外表来说，这两位导师都不算美男子。孔子甚至曾被说为"累累若丧家之狗"，他自己也欣然同意，认为外表是不重要的事（《史记·孔子世家》）。苏格拉底在另一位古希腊名人、被称为"喜剧之父"的阿里斯托芬笔下，也曾遭到漫画式的丑化（见上海译文出版社《苏格拉底之死·苏格拉底在法庭上——申辩篇》第3页）。但即使在他们各自的时代，大多数人在批评他们外表的同时，也都感慨于他们内心的智慧与强大。所谓腹有诗书气自华，由智慧而来的气质是无与伦比的。

啊好了，现在信号已经完全接通，我们可以正式开始对话了。

第二章 生 死

超时空教授

孔夫子，您好！我是来自五千年后的一位教师，很高兴见到您。咦，您手里还捧着琴，这是在参加宴会吗？

孔子

你好，远方的客人。跟您的猜测相反，我正在陈国与蔡国之间，遇到点困难不能离开。但这跟弹琴并不矛盾，不是吗？

超时空教授

（向学生）啊，看来我们刚好遇见了孔夫子人生中最困难的时刻之一，"在陈绝粮"。孔子在家乡鲁国不得志，一生周游春秋列国之间，经历过许多风波，在匡国、宋国甚至险些被杀。而这一次"厄于陈"，无疑是其中最危险的一次，但他竟然还有闲情逸致弹琴。

孔子迁于蔡三岁，吴伐陈。楚救陈，军于城父。闻孔子在陈蔡之间，楚使人聘孔子。孔子将往拜礼，陈蔡大夫谋曰："孔子贤者，所刺讥皆中诸侯之疾。今者久留陈蔡之间，诸大夫所设行皆非仲尼之意。今楚，大国也，来聘孔子。孔子用于楚，则陈蔡用事大夫危矣。"于是乃相与发徒役围孔子于野。不得行，绝粮。从者病，莫能兴。孔子讲诵弦歌不衰。（《史记·孔子世家》）

超时空教授

（向孔子）可是听说你们已经被困了好几天，粮食也快吃完了，您真的不紧张吗？

孔子

呵呵，我以前就说过：文王既没，文不在兹乎？天之将丧斯文也，后死者不得与于斯文也。天之未丧斯文也，匡人其如予何！（《史记·孔子

15

世家》）现在我仍然这样想。

超时空教授
啊，您是说，从周文王去世后，天命就将文脉归于您。天命如果想要断绝文脉，就不会让您了解这些又让您担负起传承的重任；天命如果不想断绝文脉，那么匡国人也不能把您怎么样。匡国如此，陈国也如此，所以尽管已经绝粮，也并不担心。

孔子
是的，正是如此。

超时空教授
还有一次您在宋国，在大树下教导弟子们礼仪。宋国的司马桓魋想要对您不利，弟子们劝您快些离开，您也说了类似的话。

孔子去曹适宋，与弟子习礼大树下。宋司马桓魋欲杀孔子，拔其树。孔子去。弟子曰："可以速矣。"孔子曰："天生德于予，桓魋其如予何！"（《史记·孔子世家》）

孔子
呵呵！天生德于予，桓魋其如予何！（《论语·述而》）

超时空教授
就像刚才所说将文脉归于您一样，上天也将崇高的道德生于您身上，所以桓魋也不能把您怎么样。总是抱持着这样的自信，难怪您能够面对这样巨大的危机，而从容不迫，真是让人佩服！不过，从这两次遭遇看来，您的弟子们就不像您这么淡定了。听说还有一次您生病，您的一位著名的学生子路为了体现您的身份，特意让其他学生们准备当"臣"来处理后事，结果被您批评了，有这样的事吗？

孔子

有的。这是因为"臣"本该是诸侯大夫去世后才能有的，后来许多人僭行此礼，抬高自己的身份。然而这又何必呢？我本没有那样的地位，硬是安排冒充，又是欺骗谁呢？欺骗上天吗？而且与其死在"臣"手里，我宁可死在学生的手里呢。而且我就算得不到风光大葬，难道还会死在路上吗？

无臣而为有臣，吾谁欺？欺天乎！且予与其死于臣之手也，无宁死于二三子之手乎！且予纵不得大葬，予死于道路乎？（《论语·子罕》）

超时空教授

您对死亡的态度可真是够洒脱的。

超时空教授

苏格拉底先生，您看起来气色不错，可以问一下您现在何处吗？

苏格拉底

我正在雅典的监狱里呢，之前我经历了一场审判并为自己进行了答辩，然而仍然被法庭判处了死刑。经过一个月的等待，似乎明天就是行刑的时候了。

超时空教授

天哪，在这样的情况下，您竟然还如此镇定！

苏格拉底

这并没有什么。我认为，一个但凡稍有价值的人不应该为了生死安危过于计较，他在任何时候所应首先考虑的，只有一件事：其行为是对

还是错。(《苏格拉底的申辩》28C)我永远不会由于害怕死亡而向错误的权威投降,而是宁可不屈而死。(《苏格拉底的申辩》32A)

孔子

是这样,我非常赞赏苏格拉底先生的观点。有志于寻求"仁"之大道的人,是不会为了自己的生命而去损害仁的,只会为了成就仁而甘心牺牲。

志士仁人,无求生以害仁,有杀身以成仁。(《论语·卫灵公》)

超时空教授

我发现二位都强调主体的特殊性。

夫子说的是"志士仁人",苏格拉底先生说的是"一个但凡稍有价值的人"。后面这种称呼带有明显的谦逊和反讽意味,不像前者那样直接,但无论如何,两位的所指无疑都不是所有的人。这也是理所当然的吧,毕竟贪生怕死原是人的本能,若非对心中的理想有坚定的信念,是难以克服这种生物本能的。

那么,像二位这样,能够从容面对生死,是否代表着你们对死亡有着很深刻的认识呢,能继续给我们讲讲吗?

孔子

不不,并不能这样说。我连生的道理都还没有弄明白呢,又怎么能够明白死呢?

未知生,焉知死?(《论语·先进》)

超时空教授

苏格拉底先生，那么您呢？

苏格拉底

呵呵，真是英雄所见略同。如果我敢说我比周围其他人略微聪明那么一点儿的话，那就是我不认为自己知道人死后会是什么样的情形，同时我不惮于承认这一点。（《苏格拉底的申辩》29B）

超时空教授

您说您不了解死后的情形，可是您对死亡却如此坦然，毫无恐惧，这又是为什么呢？

（苏格拉底在雅典法庭判处其死刑时，其实可以为自己提出另一个惩罚方案——被流放，他自己清楚这是毫无疑问会获得通过的，但他却不愿意那样做。即使在最终判决死刑之后，苏格拉底也有很多确凿无疑的机会可以越狱，他的朋友、弟子如克里同等人为他安排好一切，恳求他同意离开，然而却被他拒绝并说服了。）

苏格拉底

为什么要恐惧死亡呢？我们不知道死后究竟如何，那么也便不能排除，也许死亡是最好的事情之一，不是吗？（《苏格拉底的申辩》29B）从我们活着的人所能知道的情形来推断，死后有两种可能：一是彻底消失，死者完全没有了意识；二是像人们知道的，它是一种状态的变化，灵魂由此界迁移至彼界。如果是前者，那便如同一夜无梦酣睡，则可说死亡是非常美妙的益事了。我想，如果要求一个人将一生中的日日夜夜做个比较，计算有几个日夜能比那无梦酣睡的一夜更畅快，大概无论平民还是国王，都会发现为数无几的。如果死亡确是如此，那么它真可说是让人受益了，因为照这样来看，死后的漫漫岁月不过是一个夜晚而已。(《苏格拉底的申辩》40D、40E) 另一方面，如果死亡是由此界迁移至彼界，同时像传说一样，所有死去的人都在那里，那么先生们，还有什么比死后的世界更好呢？那里有真正的法官在法庭判案，有许多在世时都以正直著称而死后成神的伟人们。在死亡世界的旅程该是多么有价值啊！想一想，有多少人愿意一掷千金，只要能见一见奥菲斯——据说他的琴声能让猛兽聆听，穆塞乌斯，赫西奥德，以及荷马？如果这是真实的，我愿意死去好几次，只要死后真的能跟那些早年因为遭遇不公正的审判而死去的英雄们见面，并把我的命运跟他们相比较。此外，在那个世界我还可以继续考察心灵，看谁是真正的智慧，谁只是自以为智慧。(《苏格拉底的申辩》41A、41B)

当然，如果在死后的那个世界，能够见到孔子先生，那也真是再好不过的。托这位远方来客的福，我才知道在我出生前一百年，在数千公里之外的东方，还有您这样一位伟大的哲人。我发现尽管我们物理上的距离如此遥远，可彼此的观点有许多共通处，能跟您面对面地讨论交流，真是太愉快了！（苏格拉底的影像挥舞了一下胳膊，似乎想与孔子握手的样子，但发现影像做不到。）

孔子

(也向苏格拉底的方向拱了拱手)是的,
苏格拉底先生,您的论证很有意
义。和大多数正常人一样,我并不
轻视生命,而且认为生命是很宝贵
的。所以客观地说,我对您选择接
受贵国法庭判处您死刑这一点,并
不太同意。在我的国度,有一个叫
宁武子的人。在国家政治清明的
时候,他便展示智慧,帮助治理国
家;而在政治黑暗、昏君统治的时
候,他便显得愚笨,韬光养晦而全
身远祸。他的智慧别人赶得上,他
的愚笨别人便赶不上了。

子曰:"宁武子,邦有道,则知;邦无道,
则愚。其知可及也,其愚不可及也。"
(《论语·公冶长》)

如果可能的话,我倒希望您学学他
的愚笨,这样既不辜负上天给予
的生命,也可以让世人更多地受到
您的教益呢。但是,您忠于您的城
邦和法律,根据您心中的道而做
出选择,无疑是值得尊重的。尤其
是您刚才所说关于死后情形的理
论,确实洒脱而充满智慧。我常常
觉得,早上听到真理,下午死去都
可以。

朝闻道,夕死可矣。(《论语·里仁》)

但按照您的设想,若死后能够见
到过往的圣贤,比如可以当面向周

公请教礼仪道理，那死亡便更不需要畏惧了。当然，如果能跟苏格拉底先生畅谈，我想也会是非常有意思的。

超时空教授

（向学生）很显然，面对死亡，孔子与苏格拉底的所思所想，大同而小异。小异是孔子认为面对昏暗的统治者，韬光养晦、保全生命是智慧的做法，而苏格拉底则选择强势碰撞，以死亡来贯彻自己的理念。而共同点是，死亡对他们来说都毫不可怕，苏格拉底固然不必多说，孔子也只是希望避免无谓的牺牲，而绝不会为了畏惧死亡而改变他心中的道。对于他们来说，精神上的追求早已远远重于生物本能性的生死观，在和世人一样的皮囊里，承载的是无比伟大的思想和灵魂。这也是为什么，在身体死去之后，他们的思想却能代代传承，数百上千年而不熄，在东西方分别成为最伟大的精神导师吧！接下去，我们将就理想、正义、治国、教育等各个方面向两位导师请教。

第三章　心中的道

一、理　想

超时空教授

二位尊敬的导师，刚才我们已经了解到，死亡对你们来说是不足挂怀的。那么，对你们来说，真正在意的是什么呢？你们一生所希望追求的，到底是什么呢？

苏格拉底

对我来说，最重要的是探寻真理，是理解和完善人们，包括我自己的灵魂。只要一息尚存，我将永远不会停止实践哲学，不会停止勉励我的同胞们，也不会停止向每一个我遇到的人阐明真理。这是神给我的旨意，我相信我应这旨意所做的事，对雅典这座城市是有最大好处的。我用所有的时间走遍四方，劝告所有的同胞，应该把灵魂的最高幸福置于首位，给予最多的关心，而不是身体或财富。（《苏格拉底的申辩》29D—30B）

超时空教授

看得出来，您热爱真理，也热爱着您的城邦和人民，所以希望尽可能地让他们懂得什么是真正的幸福。不过，即使是数千年后的现在，人们还是免不了沉湎于物欲，忽略灵魂呢。

苏格拉底

是的，这是最容易犯的错误。所以我常常劝告人们，不要老想着物质上的利益，那些不过是身外之物，应该经常关注于精神和道德的健康完善。比如广泛地说，不要总想着从国家得到什么好处，而是想自己做些什么能使这个国家更健康向上；对其他的事物也应当这样。（《苏格拉底的申辩》36C）

超时空教授

孔夫子，我们知道，就像苏格拉底先生说他"用所有的时间四处走动"一样，您也周游列国，希望实现理想。那么您的理想究竟是什么呢？

孔子

我曾经让几个学生谈谈各自的志向，其中曾点说："暮春的时候，穿着做好的单衣，跟五六个成年人、六七个小孩子一起，到沂水去沐浴，在舞雩台吹吹风，然后一路唱着歌走回来。"我赞同他的想法。

子曰：……"点，尔何如？"……曰："莫春者，春服既成，冠者五六人，童子六七人，浴乎沂，风乎舞雩，咏而归。"夫子喟然叹曰："吾与点也！"（《论语·先进》）

（台下一片哗然）

超时空教授

呃，同学们静一静，静一静。孔夫子的这段话，看起来似乎太过平常了，不应当拿来作为人生理想。不过，要知道中国先哲们的表述习惯，往往如此。他们不像西方哲人一样用剥洋葱的方式将问题层层剥开、说透，而是偏好用隐喻、侧面、简洁然而不那么确定的表述。就像比孔子略年长一些的另一位著名哲人老子的名言："道可道，非常道。名可名，非常名。"这样的缺点，自然是不易理解；而其优点，则是包容量更大，同一句话，不同的人固然能有不同的理解，同一个人在人生的不同时期，也往往能有不同的感悟。为了更好地理解刚才这段话,我们请孔夫子再补充一下,那几位学生中其他人所说的,没有得到他赞同的志向,来从反面论证。同时,我也趁这个机会,查阅一下中国古籍中后代哲人对这段话的分析。

孔子

子路说:"如果有一个拥有一千辆战车的中型国家,困窘地处在几个大国的中间,遭到军队侵略,自身又发生饥荒。让我去治理,只要三年,就能让国民都有勇气,而且懂得道理。"我笑了笑他。冉求说:"国土纵横六七十里或者五六十里的小国家,让我去治理,等到三年,可以使人民富足。至于礼乐,则要等待更高明的君子了。"公西赤说:"不是说我已经能够做到了,我所希望学习的,是在宗庙祭祀,或者与各国盟会的时候,我能够穿着正式的礼服,戴着帽子,做一个小司仪。"

子路率尔而对曰:"千乘之国,摄乎大国之间,加之以师旅,因之以饥馑,由也为之,比及三年,可使有勇,且知方也。"夫子哂之。"求,尔何如?"对曰:"方六七十,如五六十,求也为之,比及三年,可使足民。如其礼乐,以俟君子。""赤,尔何如?"对曰:"非曰能之,愿学焉。宗庙之事,如会同,端章甫,愿为小相焉。"(《论语·先进》)

子路

乘繩證反。饑音機，鄭本作飢，同。饉其斳反。

勇，且知方也。〔方義我〕馬曰：哂，笑也。〔釋〕忍反。詩

由也爲之，比及三年，可使有
夫子哂之。〔比必利之，鄭〕

方六七十，如〔五六七十里，小國治之而已〕

五六十〔求性謙退，言欲得方六七十〕

求！爾何如？對曰：方六七十，如
求也爲之，比及三年，可使〔孔曰：求〕

三年可俟足民，如其禮
樂……以俟君〔子〕〔足民而已，謂衣食足也。如其禮樂之化，當以俟君子。謙也〕

赤！爾何
如？對曰：非曰能
之，願學焉。宗廟之事，如會
願學焉，宗廟之事，如今日一端章甫，願爲

小相焉。〔鄭曰：我非自言能，願學焉……劉之事……祭也諸〕
〔庚序見曰會，群覜曰同。端玄衣方端也，冕章甫諸〕

仙櫻之神焉而事之治民事神於是而曰之吳亦學也何必須論

青然後乃謂爲學也子曰是故惡夫佞者以口給

祇爲口才捷給文過飾非故也今子路以口給

應遂己非而不知窮己是故致人惡夫佞者也

又名點　哲星歷反史記

釋云曾箴子皙

子路曾皙

冉有公西華侍坐子曰

以吾一日長乎爾毋吾以也

釋長丁丈反

居則曰不吾知也　孔曰言我問女女無以我長故難對

釋難音乃旦反

如或知爾則何以哉　孔曰如有用我者則何以為治

子路率爾而對曰

釋先悉薦反　先悉

釋爾先　三人對

開加之以師旅因之以饑饉　包曰攝迫也迫於大國之間

千乘之國攝乎大國之

釋

超时空教授

咦，这样听起来，您刚才说的四种志向，似乎是越来越小：从治理千乘的中型国家，使百姓勇敢又懂得道理；到治理小国家，而且只说物质生活，不敢承诺礼乐这样精神层面更高端的内容；再到离开治理国家这样的事情，追求在祭祀、盟会等场合担任司仪——当然，我们知道，这在古时也是非常重要的角色，不是有一定身份地位并且熟谙礼仪的人，是不能担当的。而最后，就是之前您所赞同的曾点之志，沐浴在春风中洗洗澡唱唱歌。这样的次序，似乎和我们一般人的理解恰恰相反，大多数人会觉得第一个子路所说的，才是最了不起的吧，您干嘛要笑他呢?

超时空教授

(转头对学生)啊，我查到了中国宋代一位名叫朱熹的著名儒者对这段话的阐释，他认为曾点所言顺从天道，或动或静，从容自然。——细品那短短几句话，确实有这种悠闲从容的感觉呢。然后，朱熹又认为，曾点所讲的志向，只是从自己一个普通人的角度出发，在日常

孔子

治理国家要依礼而行，子路讲话一点都不谦虚，所以我笑笑他。

子曰："为国以礼。其言不让，是故哂之。"(《论语·先进》)

的生活中自得其乐，乍一看并没有舍己为人的意思，但其中蕴含的广阔胸襟，与天地万物和谐相处，人与自然，各得其所。而另三个人所讲的都着眼于具体的事情，则格局气象与曾点所讲的，完全不能相比了。这也就是孔夫子感慨同意曾点的原因。

曾点

曾点之学，盖有以见人欲尽处，天理流行，随处充满，无少欠阙。故其动静之际从容如此。而其言志，则又不过即其所居之位，乐其日用之常，初无舍己为人之意。而其胸次悠然，直与天地万物上下同流，各得其所之妙，隐然自见于言外。视三子规规于事为之末者，气象不侔矣，故夫子叹息而深许之。（朱熹《论语集注》）

朱熹所言偏重于主观性，而在客观上，我们知道，在孔夫子的时代，中国虽然名义上还在东周王朝的统治下，实际上已分成若干个诸侯国，彼此时常有战争，人民生活并不安宁幸福。由此再进一步推想，即使子路所说的志向真能实现，那也只不过针对于一个中等国家，而且也还没有使之摆脱战争和饥饿的危险。但是曾点描绘的场景，如果能成为日常随处可见的情况，那一定是天下太平、百姓安乐了。这样看来，曾点所说的志向，非但不是最小的，而且是最宏大的。

超时空教授

（对孔子）我想，我有点理解您所说的理想了。而且想得越多，越觉得这个看似简单的理想，其实主客观要求都非常高，是个伟大但又很难达成的目标。那么为了实现它，我们应该怎么做呢？

超时空教授

看得出来，这是一个类似于道德底线的要求，所以您用一句话概括，作为给学生的基础要求，陈述的是"不要"做什么。尽管，其实从现实考虑，能够做到这一点的人恐怕已经很难得了，但是在"不要"做什么的背后，相信您还有更多的期许，关于"要"做什么、如何去做。

超时空教授

能得到您的夸奖，真是太荣幸了！

孔子

我还有一个学生叫子贡，他曾问过我，有没有一句话可以终身奉行的。我回答他，如果一定要说的话，也许是"恕"吧，自己不想要的，也不要加在别人身上。

子贡问曰："有一言而可以终身行之者乎？"子曰："其恕乎！己所不欲，勿施于人。"（《论语·卫灵公》）

孔子

（赞许地拱了拱手）远方的客人，你让我想起问我刚才那个问题的学生，他曾经问我："贫穷却不谄媚，富贵却不骄傲，怎么样？"我告诉他："这很不错，但还比不上贫穷但是快乐，富贵但是爱好礼仪。"于是他说："《诗经》里讲的如同美玉一般的君子，就是这样吧。"能从已知的事推出未知的事，举一反三，您在这方面完全不比他逊色呢。

子贡曰："贫而无谄，富而无骄，何如？"子曰："可也，未若贫而乐、富而好礼者也。"子贡曰："《诗》云：'如切如磋，如琢如磨。'其斯之谓与？"子曰："赐也，始可与言《诗》已矣，告诸往而知来者。"（《论语·学而》）

也已二後見
子張多矣字
互註 記緇衣故言必慮其所微則民謹於言而慎於行。○

反 重言 曰貧而無諂。富而無驕。何如。子曰。可也。

冨而無驕憲問
冨而無驕易
何如求也藝
何如赤也
而無驕何如
何如
何如十九 公冶長賜
以告長賜 冶長新令也
多聞勑撿 孔曰未足

尹何如
何如黠爾何
何如又違之夫三子者之言何如
何如之夫三子者之言何如
何如雍也之言何如先進求也退故進之由也兼人故退之以荒如有亦爾道
何如顏淵如殺無道以就有道何如
何如鄉人皆好之鄉人皆惡之士
何如斯可謂之達矣子路何如斯可謂之士

子雍也可也
子雍也
各一本篇 重言

未若貧而樂富

子桑伯子問
仲弓問子
子桑伯子

鄭曰樂謂志於道不以貧為憂樂道
苦樂音洛注同
呼報反下同

而好禮者也

孔曰能貧而樂道冨而好禮樂音
道冨而好
與一本篇
其斯之謂
與二本篇爲

路期月而已可也
曰可也簡先進可也小子
堯曰何憲如問斯以德以報怨
何如何簡先進可也小子
矣凡二又子張之問從政何如
何如今之從政何矣

云。如切如磋。如琢如磨。其斯之謂與。

禮者能自切磋琢磨
七多反
磨末多反治骨
曰切治象曰磋治玉曰琢治石曰
砻朝音餘 重言

子貢曰詩

二、孔子：仁

孔子

我认为，最重要的是"仁"。人一旦真心立志于从事仁，就不会去干坏事。

子曰："苟立志于仁矣，无恶也。"（《论语·里仁》）

超时空教授

哦，我记得您刚才说过："志士仁人，无求生以害仁，有杀身以成仁。"（《论语·卫灵公》）按照字面上理解，仁是否即温柔仁慈、对别人好的意思呢？

孔子

刚才说到的子贡，他还曾经问过我一个问题："如果有人能够广泛地给予人民恩惠，使所有人都生活得很好，如何？可以算是仁吗？"

超时空教授

那一定是最大的仁了吧！

孔子

呵呵，那何止是仁呢？可以说是圣了。尧和舜都难以完全做到呢！

子贡曰："如有博施于民而能济众，何如？可谓仁乎？"子曰："何事于仁，必也圣乎！尧舜其犹病诸！"（《论语·雍也》）

超时空教授

确实,这不是有一颗善良的心就能做到的事,还需要非常强的能力,否则最多只能照顾到身边的几个人,不可能使所有的人,或者说,尽可能多的人都过上好日子。

孔子

造福苍生是最大的仁。比如管仲,虽然他的道德品质有缺陷,但他辅佐齐桓公多次纠合诸侯,阻止战争,挽救了无数百姓免于战火,这就是他的仁德。

子曰:"桓公九合诸侯,不以兵车,管仲之力也!如其仁!如其仁!"(《论语·宪问》)

超时空教授

不过,像管仲那样手握重权,毕竟是少数情况吧,一般人似乎是做不到的,难道就没有办法追求仁了吗?

孔子

不,仁其实很简单。自己想要树立的,也帮助别人树立;自己想要达到的,也帮助别人达到。能够就自己的愿望设想到别人的,就是达到仁的办法了。

夫仁者,己欲立而立人,己欲达而达人,能近取譬,可谓仁之方也已。(《论语·雍也》)

超时空教授

这似乎就是您刚才所说"己所不欲,勿施于人"的进一层表现,从不损害别人,进步到帮助别人了。不过恕我冒犯,后世流行一种观点,您的时代或许也有,那就是:"我为什么要造福苍生呢?只要自己过得开心不就可以了吗?"这样的话,为什么要去追求您说的仁呢?

孔子

不仁的人,不能够长久地居于穷困中,也不能够长久地居于安乐中。

子曰:"不仁者不可以久处约,不可以长处乐。"(《论语·里仁》)

因为他们失去自己的本心,所以不能安然自得。贫困久了,为了摆脱它可能无所不为;安乐久了,则会肆无忌惮放纵欲望。(见朱熹《论语集注》)

超时空教授

这跟您刚才讲的君子"贫而乐、富而好礼"，似乎正是相反的两面。不仁的人，自己也不能真正的快乐，这可以算是为什么要讲求"仁"的一个原因了吧。那么，关于如何才能做到"仁"，请您再给我们具体讲讲好吗？

孔子

我曾经对我的学生子张说过：能够在全天下都做到以下五点的话，就是仁人了。这五点是庄重、宽容、诚实、勤敏、慈惠。态度庄重则不致受到侮辱，为人宽容就会得到人心，诚实就能得到别人的信任，做事勤敏就能做出大的贡献，对人慈惠就能够让别人为你办事。

子张问仁于孔子。孔子曰："能行五者于天下为仁矣。"请问之。曰："恭、宽、信、敏、惠。恭则不侮，宽则得众，信则人任焉，敏则有功，惠则足以使人。"（《论语·阳货》）

超时空教授

这是很实在的说法，非常贴近生活，并不是高屋建瓴的描述，但跟我们想象中的"仁"有点区别呢。而且，要始终做到这五点，也是不容易的吧。您对学生们都是这样教诲的吗？

孔子

不。有一次仲弓来问我，我告诉他："走出家门，就好像要去迎接重要宾客一样；派遣人民工作，就好像承办重大祭祀典礼一样。都必须庄重严肃，认真谨慎。自己不想要的，就不加在别人身上。对国家没有怨言，在家里也没有怨言。"

仲弓问仁。子曰："出门如见大宾，使民如承大祭。己所不欲，勿施于人。在邦无怨，在家无怨。"（《论语·颜渊》）

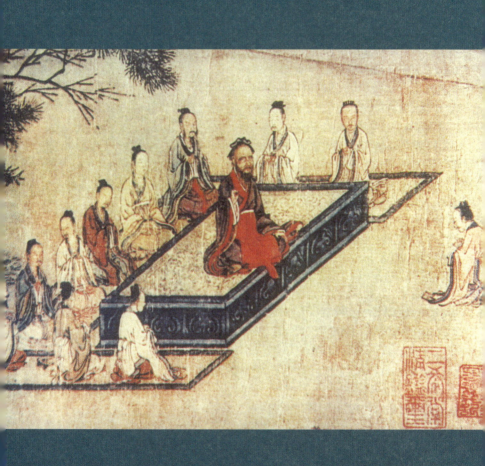

超时空教授

咦，这里又讲到"己所不欲，勿施于人"，果然"恕"也是包括在"仁"之内的，您似乎非常强调推己及人这一点！这里所说的庄重谨慎地派遣百姓工作，也就包含着发挥每个人的能力，从而提高社会生产力的意蕴。同时，我们知道有些人整天喜欢埋怨，在地球历公元21世纪的时候，有一个流行词叫"负能量"，就是说这个的。然而成天怨天尤人，散发"负能量"的人，既容易影响身边其他人的情绪和工作，也不能给自己带来好处，小到对于家庭，大到对于国家，都没有好处。所以，这也是您反对的一种行为。总体而言，这段话比起您跟子张说的，似乎略为形而上了一些，是因为仲弓和子张的性格、能力不同吗？

孔子

是这样的。司马牛来问我时，我说："仁人的言语迟钝。"他很惊讶，觉得怎么这就能算仁呢，我告诉他："因为做起来很难，那要用言语表述时能够不迟钝吗？"

司马牛问仁。子曰："仁者，其言也讱。"曰："其言也讱，斯谓之仁已乎？"子曰："为之难，言之得无讱乎？"（《论语·颜渊》）

超时空教授

我听说司马牛说话冲动，脾气暴躁，所以您这样简单直接地教诲他。否则，像刚才两位那样讲的话，他可能不会仔细去思考领会，也不会意识到自己的毛病，就学不到什么了。（见朱熹《论语集注》）

孔子

但我也并不是在忽悠他。刚强、果断、质朴、言语迟钝，都是接近仁的品德。

子曰："刚、毅、木、讷，近仁。"（《论语·子路》）

超时空教授

刚强果断的人，不容易屈服于物欲；质朴迟钝的人，不容易情绪奔放外露以至于伤害别人，大概是这个意思吧。

孔子

颜渊来问我的时候，我告诉他：克制自己，使言语和行动都合乎礼，就是仁。一旦做到这些，天下就归于仁了，见效是很快的。实行仁之大道，都靠自己，难道还能靠别人吗？行动的纲领，是不合礼的事不看，不合礼的话不听也不要去说，不合礼的事不做。

颜渊问仁。子曰："克己复礼为仁。一日克己复礼，天下归仁焉。为仁由己，而由人乎哉？"颜渊曰："请问其目。"子曰："非礼勿视，非礼勿听，非礼勿言，非礼勿动。"（《论语·颜渊》）

超时空教授

哦，这段话感觉是最宏观而难以把握的了，看来颜渊一定是您最得意的学生。结合您前面说的，再来理解这一句，我感到您对仁的定义非常广泛，它不是一种单一的德行，而是包括了很多我们平时讲的好的德行。它不仅仅是一种心态，不能简单地等同于心地善良，而是还包括对能力的要求。其本质由对内和对外两方面构成，对外即是合理而善意地对待他人。善意不用多说，当每一个人都能做到这一点时，自然每个人自己也便从他人那边受益。而"合理"则包含有最大

化地发挥每个人的能力，创造更多
的社会财富，则社会中的个体也自
然能过上更好的生活。而要做到这
一点，需要克制自己，不受过度的
欲望、错误的道理等影响，时刻注
意使自己按照正确的道理行事，并
且应有智慧与办事能力。所以，就
像您对几位高足说的，从各个不同
方面进行培养、锻炼，提高自己的
德性，改正错误的、容易造成伤害
（对别人因而也是对自己）的性格
与行为。这便是对内了。很难用几
句话概括"仁"的定义，但感觉似
乎很难达到这个境界，怎么办呢？

超时空教授

就像您刚才说的，"一日克己复礼，
天下归仁焉"。可是如果真像您说
得那么容易的话，"仁"不是早就
可以实现了吗？可事实上，一直到
五千年后的现在，人类已经走出
地球，进入宇宙了，虽然人民的普
遍素养有了大幅度提高，社会秩
序越来越好，也出现过不少像管
仲一样使无数百姓免于死难的伟
人；但是离您所说的境界，似乎还
差不少呢。

孔子

其实仁离我们并不远，我想要实践
仁，于是仁就来到了。

子曰："仁远乎哉？我欲仁，斯仁至矣。"
（《论语·述而》）

孔子

困难的不是一时之仁，而是始终
保持不违背仁。像颜回，他的心可
以长久地做到这一点，但其他人，
可能只是偶尔能达到仁，又很快
离开了。

子曰："回也，其心三月不违仁，其余则日
月至焉而已矣。"（《论语·雍也》）

超时空教授

这真的是很难吧。不过，如您所说的，哪怕一时做到，这一时便是好的。这样想的话，似乎也觉得有一点一点进步的希望。

三、苏格拉底：正义

超时空教授

苏格拉底先生，您同意孔夫子的话吗？

苏格拉底

噢，孔子先生确实十分伟大，他构建了一个宏伟的体系。我非常喜欢他的"仁"的观点，但也表示忧虑。因为照他所说，这需要人民大众具备极强的行善的能力，如果可以有的话，那多美妙啊！但事实上他们并没有这种能力，就像他们也没有那么强的作恶的能力。其实他们不能使一个人变得聪明或愚笨，他们只是随着心意做事。（《克力同》44D）

超时空教授

这样看来，您竟然是一个悲观主义者吗？您认为人民大众是不可能被教好的吗？

苏格拉底

不，亲爱的朋友，当然不是。不然的话，我也不用像牛虻一样忙忙碌碌，到处跟别人讲道理，也就不会因此招人厌烦而被判死刑啦。但是，我的行为方式与孔子先生略有不同。我认为，要通过讨论给出一个概念以明确的定义，并由此出发，按照逻辑来进行推理，使人们自然地得知应该如何做、不应该如何做，或其他的相应道理。我和孔子先生叙说的方式会有所不同。

我这种追根究底的方式，也许会让你厌烦的呢。

苏格拉底
首先，我们应该承认，每个人身上都具有一些品质和习惯，对吗？

超时空教授
不，绝不会的，苏格拉底先生。我们知道，您的哲学首先体现在著名的诘问式方法中，我非常愿意担当您学生的角色，亲身体验这种方法。（"苏格拉底的哲学首先是苏格拉底的方法［诘问式］，以提问的方式揭露对方提出的各种命题、学说中的矛盾，或从其回答中寻找漏洞加以击破，借此增长他们的知识和改进道德观念。"《苏格拉底》，［美］霍普·梅著，瞿旭彤译，中华书局2014年版）

超时空教授
对的。

苏格拉底
但是，如果进一步追问，个人的品质是分开的几个组成部分，还是一个整体呢？就是说，我们学习的时候是在动用某一部分、愤怒时动用另一部分、希望满足自然欲望时动用第三部分，还是说，在学习、愤怒、满足欲望等每一种活动中，都动用整个灵魂呢？这就比较难于判断了。

（从这里开始，我们将用较简短的方式，来重现《理想国》中的一段对话。这样，我们非但能够了解苏格拉底关于正义的见解，也能够领略他常用的语言形式。超时空教授将暂时替代格劳孔的位子，来与苏格拉底进行讨论，但其中也会加入一些阐释或例子，以便读者理解。见柏拉图《理想国》435E—444A。）

超时空教授
是啊，我也这么觉得。

苏格拉底
那么让我们先来尝试确定这个问题吧。它们是一个东西，还是不同的几个呢？

超时空教授
怎么确定呢？

苏格拉底
有一点是很明显的，同一事物的同一部分在同一件事情上，不能同时做相反的动作。因此，每当我们看到同一时间点上在同一事物里出现这种相反情况的时候，我们就知道：这不是同一事物，而是不同事物在起作用。

超时空教授
是这样。

苏格拉底
让我们记住这一点。然后，你是否同意以下这些内容是彼此相反的呢？比如赞同和异议、追求和拒绝、吸引和排斥……诸如此类。

超时空教授
当然是啊。

苏格拉底
那么，干渴和饥饿，以及一般我们所说的欲望、愿望和希望，不是应该归到刚才说的那些类中的某一类里去吗？一个有所要求的人，他的灵魂正在追求他所要的东西，或者希望吸引这个东西到自己身边来，不是吗？或者，当他想要得到这件东西时，他的内心因为渴望实现自己的要求，便会向他的愿望点头赞同（仿佛有人在向他提出这个问题一样），以使自己得到这个东西，对吗？

超时空教授
是这样呢。就像我们想吃点夜宵时，好像心里会对自己说：
"吃吧，没关系的。"

苏格拉底
那么，关于不喜欢、不愿意和不要求，是不是可以归入灵魂的拒绝和排斥，也就是说，归到与所有前者相反的那一类去呢？

超时空教授
当然可以。

苏格拉底
既然总的关于欲望的说法是对的，那么我们不认为欲望是一个类，这一类中，最为明显的就是干渴与饥饿，可以用来作为例子的吗？

超时空教授

我们可以这么认为。

苏格拉底

就渴而言，我们说渴是对饮料的欲望。这里所涉及的除了饮料之外，是否还提到别的东西呢？我们有没有说，例如渴望得到热的饮料还是冷的饮料，多的饮料还是少的饮料，简而言之，有没有指明渴望得到的是什么样的饮料呢？但是，如果渴同时伴随热，那么欲望就会要求冷的饮料，反之则是要求热饮，对不对？如果渴的程度大，要求的饮料就多，反之则少，对不对？单纯的"渴"本身，并不要求其他别的东西，而只是它本性所要求的那样东西，即饮料本身。饥饿对于食物的欲望情况也是这样。不是吗？

超时空教授

是这样。每一种欲望本身只要求得到它本性所要求的那样东西，特定的欲望才要求得到特定的那种东西。

苏格拉底

很好。让我们再确定一遍：渴的灵魂，如果只是渴而已，它说想要的就没有别的，只是饮料，它就非常想要并且努力要去得到它。

超时空教授

显然如此。

苏格拉底

因此，如果一个人在渴的时候，心灵有一个东西把他拉开不让他去饮，那么这个东西必定是一个别的东西，一个不同于那个感到渴并驱使他像驱使着牲畜一样去饮的东西，不是吗？因为我们刚才说过，同一事物的同一部分在同一件事情上，不能同时做相反的动作。

超时空教授
是不能的。

苏格拉底
但是，一个人感到渴却不去饮，这样的事情不是很常见吗？

超时空教授
确实很常见。

苏格拉底
那么，难道不是在那些人的灵魂里有两个不同的东西，一个叫他们去饮，而另一个阻止他们，并且后者的力量更大吗？

超时空教授
我想是这样。

苏格拉底
而且，这种行为的阻止者，如果出来阻止的话，是根据理智考虑才来阻止的，而驱使者，则是情感和生理需求来驱使的，不是吗？

超时空教授
显然如此。

苏格拉底
那么，我们便可以推论：有两样彼此不同的东西，一样是人们用以思考推理的，可以称之为灵魂的理性部分；另一个是人们用以感受爱、饿、渴等物欲、生理骚动的，可以称之为心灵的无理性部分或欲望部分。

超时空教授
我们这个推论是很有道理的。

苏格拉底
那么我们已经可以确定：人的灵魂里确实存在这两种东西。再来看激情，也就是我们借以发怒的东西。它是上述两者之外的第三种东西，还是属于那两者其中之一的呢？

超时空教授
既然发怒似乎不算理性行为，那它应该跟欲望属于同一种吧。

苏格拉底
但是有一个故事，我相信它是真实的。故事说，有一个人经过城墙时，发现刑场上躺着几具尸体。他感觉想要去看看，但又害怕并且厌恶它们。他暂时忍耐住了欲望，把头蒙起来，但最后还是屈服于欲望的力量，他张大眼睛冲到尸体跟前，骂自己的眼睛说："看吧，坏家伙，把这些看个够吧！"

超时空教授
很有趣的故事，而且听起来确实合乎情理，应该是真实的。

苏格拉底
这个故事的寓意在于说明，愤怒有时候，会作为欲望之外的一个东西，和欲望发生冲突。

超时空教授
说得没错。

苏格拉底
不是还有很多这样的例子吗？当一个人的欲望的力量超过了他的理智，他会骂自己，对自己体内的那种欲望的力量生气。这时，激情就是理智的盟友。而理智固然可能输给欲望，但当它占上风的时候，激情也并不会出来和欲望一起对抗它，不是吗?

超时空教授
真的呢! 当减肥的女孩子想要吃零食时，有时会忍不住这种欲望，但往往会一边吃一边骂自己。然而如果她忍住了，只会对自己高兴，而不会生气的。

苏格拉底
那么，我们现在对激情的看法，刚好和刚才相反了。刚才我们曾假定它是欲望的一种，但现在，我们可以认为，在灵魂的分歧中，激情是宁愿站在理性这一边的。

超时空教授
就是这样。

苏格拉底
那么它和理性也不同吗? 还是说，它是属于理性的一种，因此在灵魂里只有两种东西——理性与欲望呢? 还是说，正如国家由三种人——生意人、辅助者和统治者——组成一样，灵魂里也有这样一个第三者，即激情呢? 它是理智的天然辅助者，如果不被坏教育所败坏的话。

（在我们的讨论开始之前，苏格拉底已经用长篇大论证明了国家由三种人组成，他们各司其职，构成了国家的正义品质。在下面他还要谈到这一点，但我们不得不跳过这些部分，以使读者们可以较简便地获得了解。有兴趣深入研究的读者, 可以去仔细阅读《理想国》, 其中关于这一段的篇幅, 大约是本文的两到三倍。)

超时空教授
显然是第三者。

苏格拉底
理智既然是智慧的, 是为了整个心灵的利益而谋划的, 那么难道不应该由它起领导作用吗? 激情不应该服从并且协助它吗?

超时空教授
当然应该这样。

苏格拉底
当这两者受到正当的教育, 并被训练了真正起到自己本分的作用, 它们就会去领导欲望——它占人的灵魂的最大部分, 并且本性是最贪婪的。它们会监视着它, 以免它在受到诸如肉体快乐等滋养后, 变大变强而不再恪守本分, 企图去控制支配那些本不应该由它控制支配的部分, 从而把整个人都毁掉。

超时空教授
非常正确!

苏格拉底
因此可以认为, 如果一个人的激情, 无论在快乐还是忧伤中, 都保持不忘记理智所教给的, 关于应当惧怕什么、不应当惧怕什么的信条, 那么我们就因他的激情部分, 而称这样的人为勇敢的人。

超时空教授
　　对的。

苏格拉底
而我们称一个人是智慧的，也是因为他灵魂中，这个起领导作用并教授信条的那一部分——它也被认为是既懂得那三个部分各自利益，也懂得那三部分共同利益的。

超时空教授
　　对的。

苏格拉底
当一个人的这三个部分彼此和谐友好，理智起领导作用，激情和欲望一致同意接受它的领导而不反叛，这个人就是有节制的人，不是吗？

超时空教授
　　当然是。

苏格拉底
如果要对正义的定义再描述得清楚一些的话，我们还可以举几个反面的例子。比如，如果把大笔财富交给一个正义的人管理，有没有人会认为这种人比不正义的人更容易盗用它们呢？

超时空教授
当然不会啦！

苏格拉底
这样的人，也不会做出亵渎神灵、偷窃、出卖朋友、背叛祖国之类的事情吧？

超时空教授	苏格拉底
肯定不会。	这样的人，也不会染上通奸、不孝等等罪恶的吧，哪怕有很多其他人会犯这样的罪。

超时空教授	苏格拉底
是啊，他们决不会的。	这一切的原因，难道不是在于，他心灵的各个部分各起各的作用，负责领导的在领导，被领导的便服从吗？

超时空教授	苏格拉底
就是这个。	所以我们可以发现：真实的正义，就如我们刚才所描述的，它不是关于外在的，而是关于内在的，即关于真正本身的事情。正义的人不允许自己灵魂里的各个部分互相干涉，起本来其他部分负责的作用。他应当安排好真正自己的事情，首先达到自己主宰自己，自身内秩序井然，对自己友善。当他将自己心灵的这三个部分合在一起加以协调，仿佛使高音、低音、中音以及其间的各音阶合在一起加以协调那样，使所有这些部分由各自分立而变成一个有节制的和和谐的整体时，于是，如果有必要做什么事的话——无论是在挣钱、照料身体方面，还是在某种政治事务或私人

事务方面——他就会做起来；并且在做所有这些事情过程中，他都相信并称呼凡保持和符合这种和谐状态的行为是正义的好的行为，指导这种和谐状态的知识是智慧，而把只起破坏这种状态作用的行为称作不正义的行为，把指导不和谐状态的意见称作愚昧无知。（柏拉图《理想国》，商务印书馆1986年版，第172页）

超时空教授

天哪，苏格拉底先生，在不知不觉中，跟着您的理论层层推进，我们终于达到了一个水到渠成的结论。真是服了！不过，听了您的观点之后，我发现，其实您的正义观，和刚才孔夫子所说的"仁"，有很多相似之处的，尤其是在追求内在协调，以理智控制欲望与激情的方面，简直如出一辙！将你们二位的话结合起来思考，似乎会更容易领会，能够获得更深的感悟。

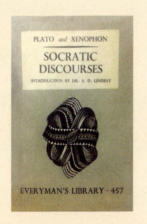

第四章　谈谈政治

一、要不要从政

超时空教授

从刚才的对话,可以看出二位导师都非常重视人民的福祉。一般我们认为,参与政治、掌握权力,是使理念化为现实的一个重要途径,使一个城市乃至一个国家按照自身的想法,变得更好。但是,我们知道,二位都并不因政治地位闻名。尤其是苏格拉底先生,几乎没有怎么担任过官职,这是为什么呢?

苏格拉底

你们知道,除了有一次因为抽签被抽中而加入元老院,并刚巧轮到担任主席之外,我并没有担任过任何其他政治职务。就在那一次中,因为反对违背法律让十名将领集体受审,我受到很多入狱乃至死亡的威胁,但仍然坚持那样做。后来,当三十僭主上台实施寡头政治,他们把我和另外四个人召集去,要求我们逮捕无辜的勒翁,准备处决他。在那个时候,他们拥有非常大的权力;但我的选择则是无视这违背公理的命令,径自回家。如果不是那个政府很快倒台,我可能已经被他们处死了。所以,如果当年我真的参与政治,而又不肯改变高尚的理念,始终坚持正义为先,那以我这种性格,早就不可能活到现在了。(《苏格拉底的申辩》32B-33A)

超时空教授

可是,您对于如何建立一个更好的城邦,给人民带来幸福,有系列的理念和方法,不参与政治的话,如何让它们付诸实施呢？

苏格拉底

是我独自一人参与政事，还是我专心致志培养出尽可能多的人来参与政事，使我能够对政治起更大的作用呢？（《回忆苏格拉底》第一卷，六-15）

孔子

苏格拉底先生的说法颇有道理。《尚书》里说过："孝顺父母，友爱兄弟，行于正道。"这就是为政了，何必一定要在某个职位上，才算为政呢？

子曰："《书》云：'孝乎惟孝，友于兄弟，施于有政。'是亦为政，奚其为为政？"（《论语·为政》）

超时空教授

这听起来确实很有道理。不过，即便如此，直接出任官职，仍然会起到更直接而明显的作用不是吗？就像您，担任过鲁国的中都宰，一年时间就成绩斐然，四面八方的官吏都来向您学习，随后又进位到司空、大司寇，甚至摄行宰相职务，在很短的时间里，就使鲁国几乎做到人人诚实守礼，路不拾遗，没有贪污贿赂。这不是很了不起吗？

（鲁）定公以孔子为中都宰，一年，四方皆则之。由中都宰为司空，由司空为大司寇。

孔子

你太夸奖了。不过，我也相信，如果有国君能够任用我主持政事，那么一年就能初见成效，三年则可以很有成就。

苟有用我者，期月而已可也，三年有成。（《论语·子路》）

……定公十四年，孔子年五十六，由大司寇行摄相事……与闻国政三月，粥羔豚者弗饰贾，男女行者别于途，途不拾遗，四方之客至乎邑者，不求有司，皆予之而归。（《史记·孔子世家》）

超时空教授

从您取得的成绩来看，这完全是事实，可见刚才您在谈论"仁"时对弟子们提到应该具备的能力，您自己正是已经具备，而且非常擅长的了。可惜的是，在您周游过的列国中，虽然许多国家都想过要重用您，甚至在齐国、卫国等处也都曾为国君出谋划策，但或是因为大臣阻拦，或是因为国君昏庸，最后您都离开了，宁可在家整理古代典籍、教育弟子。（见《史记·孔子世家》）

超时空教授

所谓"穷则独善其身，达则兼济天下"（《孟子·尽心上》），也就差不多是这个意思吧。

孔子

能够任用我，我就好好地去干；不用我，就安静地藏身民间。我和颜渊都是能做到这一点的。

子谓颜渊曰："用之则行，舍之则藏，惟我与尔有是夫！"（《论语·述而》）

二、国家管理者

超时空教授

要追求一个完美的国家，固然所有的人民都很重要，但最能起直接作用的，无疑还是国家的管理者，这是顾名思义就可以知道的事情。而且，比如我们刚才提到的，孔夫子管理政务时，在很短的时间内就使国家井井有条。那么，究竟怎么样才算是好的管理者，或者说，要如何才能得到好的管理者呢？毕竟，我们知道历史上有很多暴君或是昏庸的统治者，给国家、人民带来了巨大的危害。

苏格拉底

只有当你能为统治者找到一种比统治国家更好的生活时，你才可能获得一个管理得好的国家。这样的国家由真正富有的人统治，当然，他们的富有不在于金钱，而在于幸福所必需的那种善且智慧的生活。如果统治者是一些缺乏这种生活的穷人，那么，当他们投身公务时，想到的就只是牟取私利，国家就会受害。当统治权成为争夺对象时，这种自相残杀的争夺，往往既毁了国家，也毁了他们自己。

（《理想国》521A）

超时空教授

可是，像这样不在意私利，统治国家只为了造福人民的君主真的有吗？

孔子

比如说禹，自己饮食很菲薄，却把祭品准备得极丰盛；自己穿着简单朴素，却把祭祀穿的礼服做得精致华美；自己的住所窄小破败，却致力于沟渠水利。对他这样的君主，我没什么可以批评的了。

禹，吾无间然矣。菲饮食而致孝乎鬼神，恶衣服而致美乎黻冕，卑宫室而尽力乎沟洫。禹，吾无间然矣。（《论语·泰伯》）

超时空教授

嗯，在古代，祭祀是最重要的国家大事之一，被认为可以保佑国家，给人民带来福祉。而沟渠水利可以提高农田产量，防止旱涝灾害，在这里，它应该还只是一个以小见大的代称，是指代所有有益于国计民生的事。禹自己吃、穿、住都不讲究，把力气都花在为国家人民造福上，确实是很了不起！

孔子

像舜和禹这样的君主，统治天下，却一点都不为自己谋利，是多么崇高啊！

巍巍乎，舜禹之有天下而不与焉！（《论语·泰伯》）

还有泰伯，他品德高尚之极，三次把天下让给别人统治，人民简直找不到合适的话来称赞他。

泰伯，其可谓至德也已矣。三以天下让，民无得而称焉。（《论语·泰伯》）

苏格拉底

所以，我们就是要不爱权力的人掌权。（《理想国》521B）

孔子

事实上，管理者的道德是最重要的。用道德来治理国政，就像北极星在它自己的位置上，其他众多的星辰自然会围绕着它运行。

为政以德，譬如北辰居其所而众星共之。（《论语·为政》）

苏格拉底

统治者们必须是爱国的，当他们被置于苦与乐之间考验时，他们必须证明这一点，必须证明无论是面对困难、恐怖，或其他事件时，都不改变自己的爱国心。不能坚持这一点的要被排斥，而能够经受住任何考验不改变的，才能被任命为统治者，活着的时候得到尊敬与荣耀，去世后受到褒奖。（《理想国》503A）

孔子

我说的是：君主应该依礼来使用臣子，臣子应该忠心服事君主。

君使臣以礼，臣事君以忠。（《论语·八佾》）

超时空教授

可是，中国古代似乎有句话叫"君要臣死，臣不得不死"，据说是您讲的，听起来很可怕。统治者难道对下属应该拥有那么巨大的权力吗？

超时空教授

照这样说，君主不以礼对待臣子，臣子就可以不必对他忠心耿耿了。

（参《论语注疏》："止由君不用礼，则臣不竭忠。"又朱熹《集注》尹焞曰："君臣，以义合者也。故君使臣以礼，则臣事君以忠。"）

一位学生

（举手）老师，我搜索了一下史料，"君要臣死，臣不得不死"这句话似乎是孔夫子去世两千年后，中国一个叫做清的朝代中，才出现的呢，而且好像是在唱戏的戏文里说的。但后来不知怎么回事，又过了两百多年，很多中国人就说这是孔夫子讲的，并且常常因此骂他，说要打倒他。

超时空教授

天啊，这样看来，孔夫子受的冤枉，也是够大的了！

孔子

没关系。我不怕别人不了解我，只怕自己不了解别人。

不患人之不己知，患不知人也。（《论语·学而》）

超时空教授

不过，在具备高尚的道德之外，理想的国家管理者还应具备相应的能力，有一些好的管理方法吧。

苏格拉底

显然是这样的。比如说，一个优秀的将领，除了战术之外，还应该能在战前做好各种准备，比如筹备粮草等等。（《回忆苏格拉底》第三卷，一一6）又比如，要使一个城邦变得富裕，管理者应该考虑城邦的税收，它来自哪些方面，一共有多少，如何补足不够的部分、开辟新的来源，并且消减过大的开支。如果连支出和收入都弄不清楚，那是不可能使城邦富裕起来的。（《回忆苏格拉底》第三卷，六—5、六—6）还有，像田地里生产的粮食可以供城邦的居民食用多久、每年需要多少粮食，也是必须认真考虑的，这样才不会因为管理者的疏忽而导致饥荒。（《回忆苏格拉底》第三卷，六—13）

超时空教授
孔夫子，您觉得呢？

孔子
管理一个中等城邦，就应该庄重严肃地对待自己的工作，讲究信用，节约开支，爱护官员士人，在农闲之时才役使百姓，以便不耽误农业生产。

道千乘之国，敬事而信，节用而爱人，使民以时。（《论语·学而》）

超时空教授
哦，这跟苏格拉底先生说的开源节流、重视农业很相似。还有吗？

孔子
自己要以身作则给官员带头，宽容别人犯的小错误，并且选拔优秀的人才。

先有司，赦小过，举贤才。（《论语·子路》）

超时空教授
天啊，听起来真的不容易呢！

苏格拉底
当然啊。像竖琴、笛子、马术等等一类事情，人们想要学会的话，都得花大量时间、精力去勤学苦练，而且要向相关的能人请教，否则就难以获得成就。但是要做政治家，却以为可以不必经过这样的过程，自然而然地取得成功吗？显而易见的是，政治比前面的这些技艺都困难得多，在那么多从政的人中，真正能成功的是很少的，所以我们知道，这需要付出更加艰苦的努力。
（《回忆苏格拉底》第四卷，二—7）

三、理想的社会

超时空教授

不管是否自己亲身出任管理者的职务，我知道二位导师都有自己的政治理念，对于如何建立一个理想的国家，都有着高明的见解，可以给我们讲讲吗？

孔子

如果一定要用一句话来概括的话，我心中的理想国度，应该是大道通行，社会"大同"吧。

超时空教授

能给我们具体解释一下吗？

孔子

大道通行的时候，天下是所有人共有的，选派贤德而有能力的人来治理，讲究诚信，和睦相处。所以人不仅仅亲近自己的亲人，也不仅仅爱护自己的孩子。老人都得到善终，成年人都有用武之地，儿童都得到良好的培养。没有妻子、没有丈夫、没有父亲、没有子女的人和残疾人、病人，都能得到抚养照顾。男人各有职分，女人各有归宿。对于财物，只是不愿让它扔在地上被浪费，而不必一定占为己有；能力不愿意它无处发挥，而不必一定为自己服务。所以没有阴谋诡计，没有强盗小偷，家家户户的大门都可以敞开着。这就是大同社会。

大道之行也，天下为公，选贤与能，讲信修

睦。故人不独亲其亲,不独子其子。使老有所终,壮有所用,幼有所长,鳏、寡、孤、独、废、疾者皆有所养,男有分,女有归。货恶其弃于地也,不必藏于己;力恶其不出于身也,不必为己。是故谋闭而不兴,盗窃乱贼而不作,故外户而不闭,是谓大同。(《礼记·礼运》)

超时空教授

大致可以明白,您希望的社会,是一切资源得到最大化利用,而不因私心内斗被无谓损耗的社会,这样也才能最大化地为民造福,使所有人都过上好日子。

苏格拉底

我和我的朋友、学生们常常就这个话题展开讨论,探讨一个怎样的国家才是好的国家,而人们又应该如何去达成它。这个问题展开的话可以有说不完的话,不过今天限于时间,我想我们只能简单地说几句。

超时空教授

(扭头对学生)这确实是个很大的话题。事实上,同学们有兴趣的话,可以去看柏拉图的名著《理想国》。柏拉图是苏格拉底先生的得意门生,他在书里用了几十万字,通过苏格拉底先生和别人的交谈,展现了一个设想中正义、幸福的理想国家应该具有的品质。不过今天,我们只能请苏格拉底先生给我们提纲挈领地介绍一下。

苏格拉底

首先,一个理想的国家,其目标并不是某一个阶级的单独突出的幸福,而是全体公民的最大幸福。(《理想国》420B)

超时空教授

啊哈，您这句话，我想没有人会不同意的。而且，这跟孔夫子刚才讲的大同社会的理念也很一致呢。

苏格拉底

那么，比如农民，他也可以穿着华美的衣服，随心所欲地对农活想干就干，不想干就不干；手工艺人也可以宴会享乐，不去造出手工艺品来。这样想必他们会感到幸福的。然后让其他所有职业的人也都这样幸福，如此一来全国人民就都幸福啦。是不是呢?(《理想国》420D)

超时空教授

呃，那似乎不行吧，这样大家都会饿死了。

苏格拉底

所以我们建立国家时规定下来的一条总的原则，就是每个人必须在国家里执行一种最适合他天性的职务。(《理想国》433A)

超时空教授

是的，我们知道，您把国家中的公民划分成三种：生意人、辅助者和统治者，在前面我们曾提到过。其中生意人指的是农民、商人、手工艺者等等；辅助者指的大体是军人；而统治者有时也称为谋划者、护国者，是负责管理国家的人。

苏格拉底

当生意人、辅助者和护国者这三种人在国家里各做各的事情，互不干扰时，这个国家便可称为正义的国家了。(《理想国》434D)如果一个人天生是一个生意人，但是由于他富有，或者能够操纵选举，或其他类似的有利条件，便试图去当军人管理军队；又或者一个军人明明没有相应的能力，却企图去当上统治者；又或者这几种人互相交换工具和地位，或者一个人同时担当所有这些职务……那这种交换和干涉，

大概会造成国家的毁灭吧。(《理想国》434B)

超时空教授

咦,我似乎记得,孔夫子也说过类似的话。

孔子

呵呵,这就是不在其位,不谋其政。(《论语·泰伯》)

超时空教授

对对,不在那个位置上,就不去谋划那些职务,不去做那些事情。

苏格拉底

除此之外,一个安排得非常理想的国家,应该妇女、儿童都公有,全部教育公有。不论战争还是和平的时候,各种事情男的女的一样干。他们的统治者则必须是那些被证明文武双全的最优秀的人物。治理者一旦被任命,就要带领部队驻扎在公有的营房里,没有什么是私人的,但他们会从国民那里得到供养,作为护卫国家的应有报酬。(《理想国》543A)

超时空教授

天啊,后面的部分也就罢了,但妇女、儿童公有,多么耸人听闻! 您能具体解释一下吗?

苏格拉底

也就是说,禁止一夫一妻的小家庭,同样地,儿童也公有,即父母不知道谁是自己的子女,子女也不知道谁是自己的父母。(《理想国》457D)

(台下再次哗然)

超时空教授

听起来太可怕了！这样真的有好处吗？

苏格拉底

我看，这样做是否有最大的益处，是毋庸置疑的。但是否可行，恐怕会引起激烈的争论。(《理想国》457E)就像你在培育猎狗和公鸡的时候，不是会选择最优秀的品种加以繁殖吗？否则它们的品种就会每况愈下。(《理想国》459A、459B)所以，最好的男人应该与最好的女人尽可能多地结合在一起。反过来说，最坏的男女则应该尽少结合。尽力培养最好者的下一代，使他们茁壮成长，而不养育最坏者的下一代——这是为了保持最高质量的品种。具体的操作过程，除了治理者外，不应该让其他人知道，否则免不了造成争吵，影响团结。生下来的孩子，由专门负责的官员带去抚养。他们带领母亲到托儿所哺乳，但不能让她们知道谁是自己的孩子。(《理想国》459E、460B、460C)

超时空教授

(对学生)我的三观被刷新了！尽管我知道从人类还没走出地球时一直到现在，电影、小说等各种文艺形式中都不乏描绘这样一种社会的作品，但原来它的源头是在这里。这种说法跟刚才孔夫子在大同社会中提到的"人不独亲其亲,不独子其子"似乎有一点相似,但孔夫子指的是宽容博爱的精神,而不是真的无亲无子吧! 好了,同学们,对这个理念感兴趣的话,可以课后自行阅读《理想国》的第五章,课堂上限于时间,我们先不深入探讨了。

四、不同的制度

超时空教授：刚才，二位导师给我们简单介绍了一下心目中理想的社会。但我们知道，现实和理想是有很大差距的。孔夫子和苏格拉底先生所在的那个时代，本身也存在着好些不同的政治制度。对此，二位有什么看法呢？

超时空教授	孔子
（向孔子）您刚才为我们描绘了您心目中的理想社会，可以说是"大道通行，社会大同"，同时，您也赞美舜和禹这两位君王的崇高。那么，他们统治的时期，就是您说的"大同"社会吗？	不，在他们之前还有尧。尧作为君王，是多么伟大崇高啊！天是最大的存在，而只有尧能够与之相媲美，他的德行也像天一样广远，人们找不到言语来形容。他的功绩事业如此崇高，制订的礼仪制度也那样美好。 *大哉尧之为君也！巍巍乎！唯天为大，唯尧则之。荡荡乎，民无能名焉。巍巍乎其有成功也，焕乎其有文章。（《论语·泰伯》）*

超时空教授	孔子
哦，我知道，中国古代有"尧舜禹汤"四位最厉害最高尚的君主，尧是排在第一位的，您对他的评价简直无与伦比。不过，我想起来了，刚才在谈论"仁"的话题时，您说过在让所有的人民都过上好日子这个目标上，尧、舜都难以做到。	尧那样的君主，就是不以天下为己有，一心为公的。他禅位给舜的时候，交代舜说："天命已经落到你的身上，你要诚实地保持那正确。如果天下的百姓陷入困苦贫穷，上天给你的禄位也就永远终止了。" *尧曰："咨！尔舜！天之历数在尔躬，允执*

子贡曰："如有博施于民而能济众，何如？可谓仁乎？"子曰："何事于仁，必也圣乎！尧舜其犹病诸！"（《论语·雍也》）

所以，在客观上，尧舜的时代，还没有达到真正的理想，这大约是受物质条件的限制吧。在那种刚从原始人进化不久，几乎谈不上有什么科学技术的时代，生存之艰难是可想而知的。能够保证大多数人民的生存，已经很不容易了；而制订出各种礼仪制度，也就是把人类与野兽进一步分开，是文明的一大步。所以，在您看来，那就是仅次于最理想状态的社会了吧。

其中。四海困穷，天禄永终。"（《论语·尧曰》）

超时空教授
确实，从这样的教诲来看，尧作为统治者，认为自己是接受天命，要带给天下百姓好日子的，如果不能做到这一点，也就失去了统治的依据；他并不认为君主的地位是为了给自己谋取私利。

孔子
舜禅位给禹时，也是这样讲的。
舜亦以命禹。（《论语·尧曰》）

超时空教授
可是我们知道，这种禅让制度从禹这一代就结束了，后世的政治体制跟之前发生很大的变化。那么在您看来，次于尧舜的社会，是怎么样的呢？

孔子
周朝的礼仪制度，比照此前的夏、商两朝加以损益，最为丰富全备，我赞从周朝。
周监乎二代，郁郁乎文哉！吾从周。（《论语·八佾》）

83

如果有统治者任用我，我将使周朝之道在东方复兴。

如有用我者，吾其为东周乎？（《论语·阳货》）

超时空教授

但周朝毕竟已经衰落了。在您的时代，有好些诸侯国，彼此的政治制度有同也有异，您觉得其中哪些比较好呢？

孔子

齐国有所增进的话，就达到鲁国的境界；鲁国再有所增进的话，就达到先王之道了。

齐一变至于鲁，鲁一变至于道。（《论语·雍也》）

超时空教授

那反过来说，也就是鲁次于周朝，齐又次于鲁。但我们都知道，齐国比鲁国强大很多，为什么说它反而不如鲁国呢？

孔子

齐国急功近利，喜欢夸张欺骗，它走的是霸政的道路。鲁国是周公的后裔，重礼教、崇信义，还有先人的遗风，只是时代变迁，免不了对先人之道也有所废弃了。（以上非孔子原文，为朱熹《论语集注》中之解释。）

超时空教授

（向苏格拉底）孔夫子刚才为我们简单介绍了除理想社会之外，尧舜、周代、鲁、齐等几个层次的政治制度，那么在您看来，也存在类似有好坏之分的各种制度吗？

苏格拉底

你说的没错。我认为，一共有五种政体。其中之一便是我刚才所描述的这种，它可以有两种称呼：王政或贵族政治。如果由统治者中的一个卓越的人物掌权，那便叫做王政；如果是由其中的两个或以上掌权，则叫做贵族政治。（《理想国》445D）

超时空教授

我想，应该强调一下，从您一贯的论述可知，这里所说的"王"和"贵族"，都是指他们道德的高尚、能力的出众，而并非天生的地位。由于这两个字眼在后世意义的变化，这是容易产生误解的地方。那么，这一种政治制度，刚才我们已经有所了解了，另外的四种是什么呢？

超时空教授

这样听起来，在层级上，它们和孔夫子说的几种，还颇有类比性呢！不过，我们还不了解它们具体是什么情形，请您为我们描述一下吧。

苏格拉底

另四种制度中的第一种主要出现在斯巴达和克里特地区，这是比较广泛受到赞扬的。第二种叫做寡头制度，是少数人的统治，在荣誉上处于第二位，有很多缺点。第三种叫做民主制度，产生于寡头制度之后，与之是相反的。第四种叫做僭主制度，和前面几种都不同，是城邦最后的祸害。（《理想国》544D）

苏格拉底

第一种制度在希腊文中找不到完全对应的词来翻译，它的特色是爱好荣誉，所以我们姑且叫它荣誉制度，是贵族制度退化而来，仅次于它的制度。当贵族制度中，我们之前所说的优生优育制度没有得到严格实施，而产生了一些较逊色的后代，他们仍然治理国家，却不如父辈优秀，缺乏教养，渐渐地便失去分辨金种、银种、铜种、铁钟的能力，而产生了不一致和不和谐，因而发生冲突。由此，统治者内部在冲突中走向不同的方向：铜种和铁钟趋向私利，兼并土地房屋、敛聚金银财宝；金种和银种则由于心灵中拥有真正的财富，而趋向美德和传统秩序。这两方面斗争之后，取得某种妥协，于是分配土地财产，据为私有，把原来的朋友、供养他们的人民变成边民和奴隶，从捍卫人民自由的人，转变为奴役压迫他们的人了。（《理想国》545C—547C）

超时空教授

噢，这变动可够大的了！

苏格拉底

但是，他们仍然尊崇统治者，不让战士阶级从事生意人的种种活动，规定公餐，统治者仍然终身从事体育锻炼、竞技和战争——这些仍然是像前一种制度的。统治者已经变得热爱财富，这和寡头制度下的统治者很像，但制度还不允许他们公开地聚敛财富。在这种制度里勇敢起主导作用，因此有一个特征最为明显：好胜和爱荣誉。（《理想国》547D—548C）

超时空教授

这样看来，这种所谓的荣誉制度，真是善恶混杂，产生了许多坏的东西的同时，也保留了一些好的。

苏格拉底

第三种制度——寡头制度，是一种根据财产确定资格的制度，政治权力掌握在富人手里，穷人则没有权力。（《理想国》550D）

超时空教授

哦，这似乎是在后世经常见到的一种制度，当然，也许是它的变体。

苏格拉底

然而，这个制度本质的标准是不正确的。就比如航海，如果人们都按照财产标准来选择船长，那么一个穷人永远也不可能被选上，即使他掌握着更好的航海技术。（《理想国》551C）

超时空教授

是呀，然而用财富来操纵选举的事情，我们也见过很多了。待会儿，希望我们还能留出一点时间来专门谈谈财富的问题。

苏格拉底

好的，不过现在，我们还是继续回到政治上。第四种制度是民主制度，也可以叫平民制度。它是由寡头制度发展而来的。由于寡头制度中统治者追求财富的特性，他们用各种手段，把一些世家子弟变为无产的贫民。当这样的穷人越来越多，他们聚集在一起，便越来越渴望革命。同时，富裕的统治者们的后代，则娇惯放纵，软弱无能，当他们和穷人们在战场之类的地方相遇时，后者便会发现前者不是什么好样的。（《理想国》555C—556E）

超时空教授

是的，可以想象。

苏格拉底

于是，党争就变得不可避免。其结果，如果贫民获得胜利，把敌人或杀死，或流放国外，其余的公民都享有同等的权力和当官的机会——官职往往靠抽签决定。这

就是民主制度的产生了。(《理想国》557A)

超时空教授

靠抽签决定,这似乎也太草率了!

苏格拉底

但城邦里是确实充满了行动的自由与言论的自由,每个人都被准许想做什么就做什么,不是吗?这个城邦里拥有最多种多样的人物性格,像华美的衣裳一样五彩斑斓,眩人眼目。而大多数民众也可能因此,便认定这个制度确实是最美的,就像女人和儿童看见色彩鲜艳的东西都觉得美一样。(《理想国》557B—557C)

超时空教授

啊,请不要老是贬低女性! 当然,您刚才叙述的场景听起来确实很美,自由而丰富。

苏格拉底

在这样的制度下,如果你有资格掌权,你也不一定要去掌权,如果你不想服从命令,就可以不服从,不会受到勉强。战争时别人都去打仗,你可以不去;别人想要和平,你也可以要求战争。如果本来法律规定你不能担任某些职位,只要机会碰得巧,你也很可以得到它们。看起来,真是妙不可言不是吗?(《理想国》558A)

超时空教授
这……我感到似乎有点问题。

苏格拉底
这种制度是如此宽容，以至于它对我们那些细碎的要求不屑一顾，对我们建立理想国家时设立的庄严原则更是蔑视，以轻薄浮躁的态度去践踏这些理想。它不在乎一个人原来从事什么工作、拥有怎样的品行，只要这个人在开始从政时声言自己热爱人民，就能获得尊重和荣誉。（《理想国》558B）

超时空教授
我不知道该怎么说了，我们还是进入下一个制度吧。

苏格拉底
那么，这就是僭主制度了——一种极权制度，它是从民主制度发展而来的。（《理想国》562A）

超时空教授
可是民主制度的特征不是自由吗？怎么会发展出极权呢?！

苏格拉底
正是因为过于追求自由，不顾一切，才破坏了民主社会的基础，导致了极权制度。（《理想国》562C）

超时空教授
简直不能理解。

苏格拉底
设想一下，一个民主城邦因为追求自由，有可能让一些恶人担任领导的职位，并被他们欺骗，好像一个人喝了太多烈酒而烂醉如泥。这时候，如果正派的领导人想要略为约束，不要放纵得太过分，这个社会就开始指控他们，称他们为寡头

分子，（认为他们企图破坏民主）
而要求惩罚他们。而那些服从政
府、听从命令的人，则被说成是甘
心做奴隶，一文不值，受到辱骂。
（《理想国》562D—562E）

超时空教授
按照逻辑推理，确实可能如此。

苏格拉底
风气使然，父亲不敢管束儿子，儿
子则毫不敬畏自己的父母，好像只
有这样他才是自由的……教师害
怕学生，甚至迎合学生，学生也漠
视教师。年轻人毫无畏惧，高谈阔
论，年长者则顺着他们说话做事，
生怕被认为是可恨可厌的。（《理想
国》563A—563B）

超时空教授
似乎在历史上是有过这样的时期，
比您说得还更过分呢！

苏格拉底
然而，物极必反，极端的自由只能
变成极端的奴役。有一些浪荡子，
他们擅长演讲、表现自己，因而很
容易吸引群众，在民主社会里往往
处于主宰地位。又有一些勤劳节俭
的人，积累了财富，成为富翁。而大
多数的平民是第三部分，在政治和
财富上都乏善可陈。第一种人劫掠
富人，自己占据大头，把残羹冷炙
分给平民而获得拥戴；在富人无可
奈何起来反抗、希望保卫自己利益
时，他们便诬告这些富人为企图破

坏自由的寡头。于是平民为了与这虚妄的敌人斗争，便希望找到保护者，拥护他，提高他的威望。"僭主"的出现，根源便是"保护"。（《理想国》564A—565D）

苏格拉底

于是，这样的人成为首领，操纵轻信的群众，或是诬告别人，或是蓄意杀人，或是抢夺财富，不可抑制地使人流血，因而变成豺狼。到最后，如果这样的人没有在战斗中被敌人杀死，他就成为了僭主。（《理想国》566A）

超时空教授

您说得很有道理，请继续吧。

超时空教授

（向学生）大家现在是否有些明白，为什么自由走到极端，竟然会产生极权了呢？苏格拉底先生所说的"僭主"，大约也可以叫做"暴君"或者"独裁者"吧。幸运的是，从他所言最理想的贵族制度，一路退化到荣誉制度、寡头制度、民主制度、僭主制度，虽然是从情理出发非常有可能而且符合逻辑的，但毕竟人类还是有着智慧的头脑和向善的心灵，所以很多糟糕的趋向得到了扭转，并未真的一路滑向深渊。人类是如此复杂，其可能有的社会形态，无疑也不仅限于这五种。就像孔夫子心中最理想的社会，就和苏格拉底先生描述的很不一样。人类走到现在，经历了许多种政治制度的变迁，一直到现在我们已进入宇宙，也仍然不敢说已经找到了最好的制度。也许"最"好是找不到的，但我们可以争取做到的是"更"好，而这，需要包括在座诸位在内的，每个人的努力。

第五章　万世师表

一、人为什么要学习

超时空教授：孔夫子和苏格拉底先生，在后世被并称为人类导师。他们生命中最大的贡献之一，便在于教育。中国人称孔夫子为"至圣先师"、"万世师表"，这两个词若用西方语言翻译，用来称呼苏格拉底先生，想来也没什么问题。那么，接下来我们就请两位导师，谈一谈教育这项他们为之付出毕生心血的事业。

超时空教授
要谈教育，首先应该讲的，是学习的必要性，这也是教育之所以存在和至关重要的原因。我们知道，两位导师都非常重视人的学习。

苏格拉底
良种马在幼年时往往是桀骜不驯、脾气暴烈的，如果在那时进行合理的训练，它就能成为了不起的千里马，派上大用场；但如果放纵它的脾气不加驯养，那便始终不过是无法驾驭、没有用的劣马。善于捕猎的猎犬同样如此。（《回忆苏格拉底》第四卷，一——3）

超时空教授
哦，我想我明白您的意思了。连马和狗都这样，更何况是人呢！

苏格拉底
是的。那些天赋出众、精力过人、最可能取得成就的人，如果经过教育，学会应当怎么做，就能成为最出色而有用的人才，做出许多伟大的贡献。但如果没有受到教育、不学无术，因而不知道应该做什么，那他们会成为最糟糕的人，甚至由于天赋的出色、脾气的倔强、精力

的旺盛，反而可能做出很严重的坏事，反而于社会有害。（《回忆苏格拉底》第四卷，一——4）

超时空教授

您说得太好了！我记得孔夫子似乎也说过类似的话。

孔子

君子对各种文献广博地学习，又用礼来约束自己，这样就不会离经叛道了。

君子博学于文，约之以礼，亦可以弗畔矣夫！（《论语·雍也》）

超时空教授

我想您这里所说的"君子"，和苏格拉底先生所言"天赋出众、精力过人、最可能有所成就的人"，所指的差不多就是同样的意思，都是天生各方面条件较出色的人。越是这样的人，越是需要学习以使自己走上正途，否则造成的危害也会更大。

孔子

是的。另外，学习和思考是不能分开的。只学习而不自己思考，就会迷惑昏乱，甚至被欺骗；只顾自己思考，却不去学习，那就更是危险的事了。

学而不思则罔，思而不学则殆。（《论语·为政》）

超时空教授

也就是说，"向外"的学习，和"向内"的思考，同等重要。我想您说的很有道理。您和苏格拉底先生都生活在"百家争鸣"的时代，而我们的时代虽然没有那么多伟大的思想家，但人们发表言论更加便利，因而社会上充斥着各种各样的

理论和说法。如果一个人没有自己的判断力，只是从外界接受信息、碰到什么学什么的话，那显然有很大的概率会学到错误乃至荒谬、危险的东西。但同时，如果他只是埋头瞎想，却不去学习正确的思维方式、了解准确的信息，那也很有可能钻进牛角尖而不自知。事实上，社会上有一些恶性案件，我觉得凶手就是因为如此，才误入歧途，犯下严重的罪行。

苏格拉底

只有愚蠢的人才会以为自己可以不用学习，就能分辨什么是有益的事情、什么是有害的事情。也只有愚蠢的人才会以为，尽管不懂得这些，只依靠财富，就能获得自己想要的东西、做出对自己有利的事情。（《回忆苏格拉底》第四卷，一——5）

孔子

我曾经整天不吃饭，整夜不睡觉，只顾着思考，结果却没有任何益处，不如去学习。

子曰："吾尝终日不食，终夜不寝，以思，无益，不如学也。"（《论语·卫灵公》）

超时空教授

那，会不会有生来就明白、不用学习的人呢？

孔子

也许会有的吧。一定要分类的话，我们可以假设生来就知道的自然是最上等，学习然后知道的略次一等，碰到困难再去学习，是再次一等。但是碰到困难还不去学习，那是最下等的了。

生而知之者，上也；学而知之者，次也；困而学之，又其次也；困而不学，民斯为下矣。（《论语·季氏》）

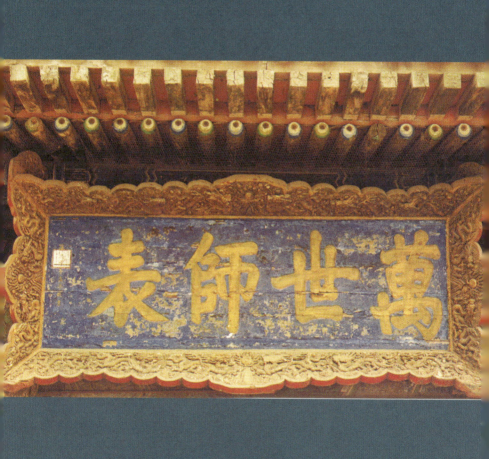

超时空教授

所谓"人无远虑，必有近忧"，一般人也许没有"生而知之"的天赋，但能够预先去学习，就能够免除很多困境。退一步说，遇到麻烦了再去学，由此能够解决麻烦，那也还是好的。但如果碰到麻烦还不去学习解决的办法，那显然只能碰运气，或者自甘沉沦，显然这是很糟糕的行为和心理模式。

苏格拉底

人和人的天赋是不同的，有的人生来体魄更强壮，有的人生来灵魂更坚强。在所有其他方面，人和人之间也都同样天生就有所不同，但都可以通过勤奋努力而得到很多改进。因此，很显然，无论是天资比较聪明的人或是天资比较鲁钝的人，如果他们决心要得到值得称道的成就，都必须勤学苦练才行。

（《回忆苏格拉底》第三卷，九—1~3）

超时空教授

就像您说的，得"勤"学"苦"练，学习毕竟也是辛苦的事情。

孔子

可并不是只有辛苦，更多的是收获和快乐。学习到知识和本领，然后在合适的时间练习实践，不是很高兴的事情吗？

学而时习之，不亦说乎？（《论语·学而》）

苏格拉底

是呀。学习高尚和美好的事情，研究那些能让人保持身体健康、家庭和谐，有益于朋友和国家，还有制服敌人的本领……这些不仅有益，而且能让人获得最大的快乐。

（《回忆苏格拉底》第四卷，五—10）

超时空教授

不过，确实有很多人，他们不愿意花功夫去努力学习，丰富自己的知识、提高自己的能力，而只是想假装自己知道，从而骗取别人的尊敬，或者谋取某些利益。

孔子

大概是有不懂装懂、胡乱作为的人，我没有这种毛病。增广自己的见闻，选择其中好的来学习，多见世面然后记在心里。这样的知，也就仅次于"生而知之"了。

子曰："盖有不知而作之者，我无是也。多闻，择其善者而从之，多见而识之，知之次也。"（《论语·述而》）

苏格拉底

一个人如果本来不会吹笛子，却要假装擅长于此，因而穿上华美的衣服，找许多人来给他捧场喝彩，然而他终究不能够真的演奏，否则把戏就会被戳穿。这样，在花了很多钱财之后，他不仅一无所获，而且还会给自己带来耻辱，把自己的生活变得一团糟。更严重的，如果一个人本来没有相关的知识，却硬要去给船只做领航员，或是给一支军队去做将领，那么后果便更加严重，非但会给他自己带来不幸，还会给他身边的人造成灾难。（《回忆苏格拉底》第一卷，七-3）

孔子

知道就是知道，不知道就是不知道，这才是真正的智慧。

知之为知之，不知为不知，是知也。（《论语·为政》）

超时空教授

看来，两位导师在这一点上再次达成了高度共识。想来也是，装模作样，或许骗得了别人一时，却骗不了一世，更骗不了自己；而若是在承担某些重要任务时虚报了自己的能力，还可能造成非常严重的后果。承认自己有不会的东西，才能更好地去学习这些东西，这才是对自身真正的提高，而不是一戳就破的虚幻泡影。

二、有教无类

超时空教授

明了了学习的重要性,可以说也就在一定程度上明了了教育的重要性。而二位导师之所以如此为后世称颂,最重要的一点便是打破原先教育权被贵族或富人垄断的局面,让更多普通大众得到受教育的机会。

孔子

人人我都教育,没有贫富、阶级、地域等等的差别。

子曰:"有教无类。"(《论语·卫灵公》)

超时空教授

可是我听说在您的时代,受教育的权利属于贵族,平民几乎没有正式学习的机会;在一个讲究出身门第的时代,您为什么会打破成规,接纳出身不好的人做弟子呢?比如说,刚才谈论"仁"的时候提到的仲弓,他的父亲就是个身份很卑贱的人。像这样的学生,在您门下还有不少。您就完全不介意他们的家世吗?

仲弓父,贱人。(《史记·仲尼弟子列传》)

孔子

即使是毛色杂乱的牛所生的小牛,只要毛色纯赤、两角端正,就具备了作为祭牛的条件。即便有人认为它出身低微而想弃之不用,山川的神灵难道会舍弃它吗?

孔子曰:"犁牛之子骍且角,虽欲勿用,山川其舍诸?"(《史记·仲尼弟子列传》)

img_1超时空对话：孔子与苏格拉底

超时空教授

也就是说，无论出身如何，只要自身是好的，那就是好的。保持这样宽容的观念，怪不得据说您门下有三千个学生。

孔子以诗书礼乐教，弟子盖三千焉。(《史记·孔子世家》)

孔子

跟着我学习并且精通六艺的有七十七人。

孔子曰："受业身通者七十有七人。"(《史记·仲尼弟子列传》)

超时空教授

(向学生)刚才我们说的三千人，应该是比较宽泛的算法，也可能是形容其多的一个约数。但这里所说最出色的学生七十七人，则基本上是确切的数字了。这些弟子才华出众，品德高洁，孔子去世后，他们在诸侯国中大的做到国君的老师或者重臣，小的也能教导士大夫、与之为友，也有一些选择隐居。可以说都是最出色的人才。

自孔子卒后，七十子之徒散游诸侯，大者为师傅卿相，小者友教士大夫，或隐而不见。(《史记·儒林列传》)

超时空教授

那您收不收学费呢？

孔子

只要准备像十条干肉这样的见面礼，我从没有不教诲的。

自行束脩以上，吾未尝无诲焉。(《论语·述而》)

超时空教授

(向学生)根据我的调查，在中国春秋时期，通常用干肉来作为初次拜见的礼物，而十条干肉这一礼物是非常菲薄的，可以说纯粹是礼节上的意义，也许有点像我们有些同学在教师节，送给老师一块自己烤的蛋糕做礼物。这代表的是一种尊重，也代表确实有诚恳的向学之心，孔夫子所要求的与其说是干肉，不如说是这种心意。因为他虽然希望尽可能广泛地教育众人向善，但若别人不主动来学，则也没有跑去教的道理。

古人相见，必执贽以为礼，束脩其至薄者。盖人之有生，同具此理，故圣人之于人，无不欲其入于善，但不知来学，则无往教之礼。故苟以礼来，则无不有以教之也。(朱熹《论语集注》)

超时空教授

(向苏格拉底)苏格拉底先生，据说在您的时代，许多号称智者、实际担任教师职务的人，总是索取高昂的学费，于是也等于切断了普通平民受教育的道路。

苏格拉底

哦，像高尔吉亚、普罗迪克、希比亚那样有能力的人，可以很轻松地使年轻人来跟随他，为了能跟随他付出金钱，并且感激不尽。还有卡利亚，他为自己的两个儿子寻找教师，付给厄文努斯高达5个Mina的学费。事实上，如果真有这种能力，可以教得那么好，我觉得这也是件值得自豪的好事。只不过，如

果有人说我曾试图教人并且借此收费，那是不对的。(《苏格拉底的申辩》19E—20C)

超时空教授

是的，我听说，您接待了许多希望听您讲学的人，其中有本国人也有外国人，但您从来没有因为讲学而向任何人索取过报酬，而是以您丰富的学识毫不吝惜地向所有的人施教。

苏格拉底

如果我懂得一些有益的东西，我就教授给我所喜欢的有价值的朋友们，并且，只要我认为有别的老师能够使他们在德行方面有所提高，我便都介绍给他们。此外，我和他们一起研读古籍，探索睿智的前辈们留下的宝贵遗产，如果从中有所收获，就把它抄录出来。在这些过程中，我们彼此帮助，都得到巨大的收获。(《回忆苏格拉底》第一卷，七—14)

超时空教授

您真是谦虚啊！您的学生像柏拉图、色诺芬、克力同，都是非常了不起的人物。事实上，您的一位得意门生认为，您是耗尽了毕生的精力，最大限度地嘉惠了那些愿意领受您的教益的人们，使那些跟从您游学的人在和您分手时，都成了更好的人。

三、教什么和怎么教

超时空教授
孔夫子，您培养了那么多出色的
学生，您究竟教了他们什么呢？

孔子
大概就是四样东西：历代文献典
籍、社会生活的实践，还有忠恳与
诚信。

子以四教：文、行、忠、信。（《论语·述
而》）

超时空教授
那苏格拉底先生呢？

苏格拉底
我试着劝告每一个人，首先应追求
品德与智慧的完美，而不要总想着
钱财之类的身外之物，对于国家，
也应该先求立国之本，而不是谋
取利益。（《苏格拉底的申辩》36C）

超时空教授
听起来，二位教育学生的内容，
颇有共通之处呢！

苏格拉底
另外，一个受到良好教育的人，对
于各种实际的学问，有一定程度的
掌握就可以了。比如学习量地学，
是为了在买卖或分配土地时能正
确地测量，或对工作量进行计算，
学到这样就可以了，我不赞成为了
研究那些复杂的图形而去学习量
地学。又比如，学习天文学，是为了
能够在夜间判断时辰，了解月份节
令，从而运用在相应的工作中就行
了；至于各种天体和大地的距离、

它们旋转的周期和原因等等，要去研究的话会花费毕生精力，那样的话许多别的有用的东西都不能学习了。（《回忆苏格拉底》第四卷，七-1—七-5）

孔子

很多知识道理，民众学习到能够使用的地步就够了，要让他们了解根本的原理，知其所以然，是做不到的。

子曰："民可使由之，不可使知之。"（《论语·泰伯》）

超时空教授

看来，二位不光是对于"教什么"很有共鸣，对于"不必教"或者说"教不了"，也是心有戚戚焉的。对于孔夫子的学说，后人竟有理解为"对于百姓只要差遣就好，不能让他们学习"的，这可真是以小人之心度君子之腹了！又有理解为"老百姓可以用的话，就让他们去；不可以用的话，就教育他们"，虽然出于好心，但其实也是曲解呢。现在和苏格拉底先生的教育观念放在一起看，就很容易理解了！

程子曰："圣人设教，非不欲人家喻而户晓也，然不能使之知，但能使之由之尔。

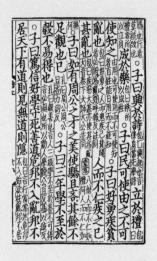

若曰圣人不使民知，则是后世朝四暮三
之术也，岂圣人之心乎？"（朱熹《论语
集注》）　《正义》曰："此章言圣人之道
深远，人不易知也。由，用也。民可使用
之而不可使知之者，以百姓能日用而不能
知故也。"（《论语注疏》）

孔子

我对学生们是没有隐瞒的，只要我
知道的东西，没有一点不向他们公
开，这就是我孔丘的为人。

子曰："……吾无隐乎尔。吾无行而不与
二三子者，是丘也。"（《论语·述而》）

苏格拉底

凡是一个善良和高尚的人应该了解
的内容，只要我知道，我都乐于教
导我的学生们，如果我自己不够熟
悉，我也愿意把他们带到熟悉这些
内容的人那里去。（《回忆苏格拉底》
第四卷，七-1）

孔子

另外，我同意苏格拉底先生的话，
人确实应该广泛地学习。哪怕只有
三个人走在一起，里面也一定有值
得取法的人，选择他身上好的东西
来学习，对不好的则予以改正。

子曰："三人行，必有我师焉：择其善者
而从之，其不善者而改之。"（《论语·述
而》）

超时空教授

您的学生颜回曾感慨道："老师的道，越抬头看越觉得高，越用力钻研越觉得深邃。看着似乎在前面，忽然又到了后面。老师善于有步骤地导引我们自动向正确的道路前进，用历代文献丰富我的知识，用礼仪来约束我的行为，使我想停止学习都不可能。"

颜渊喟然叹曰："仰之弥高，钻之弥坚，瞻之在前，忽焉在后。夫子循循然善诱人，博我以文，约我以礼，欲罢不能。"（《论语·子罕》）

我想，这也可算是对您的教育最好的概括之一了吧。

结　语

　　超时空教授: 快乐的时光总是如此短暂。下课铃声已经响起, 脑波投影设备的能量也即将耗尽, 我们必须跟孔夫子和苏格拉底先生告别了。从刚刚的谈话中, 我们发现, 尽管这两位伟大先哲一东一西, 相距万里, 但他们的思想观点, 竟然有如此多的共通之处, 这说明, 人性和智慧, 真的是不分地域、种族, 而有其共性的吧。不过同时, 我们也可以清晰地感觉到, 他们的思维方式尤其是表述方法很不一样: 东方的孔夫子, 习惯于用简短的话语, 叙述事物的一个方面, 或是简明扼要地陈述一个道理而跳过论证; 而西方的苏格拉底先生, 则喜欢刨根问底, 如同一层层剥开洋葱, 非要把事情掰得明明白白。前者含混而包容更广, 后人不太容易理解的同时, 也有巨大的阐释空间; 后者清晰然而指向性相对较单一, 而对于逻辑思维的训练无疑有巨大的作用。这两种方式可以说是各有长短吧, 却或许也由此决定了东西方哲学的不同道路。

超时空对话：孔子与苏格拉底

在五千年后，已经离开地球、走进宇宙的我们回头来看，无论是孔子还是苏格拉底，他们的观点都无需全盘接受，在他们的时代，由那个时代生产力水平决定的一些理念，今天看来已经无必要。但最重要的，是他们思想中那种伟大的智慧和人性的善，那种光辉至今闪耀，照亮人类前行的路。

116

后　记

　　本书收集了孔子和苏格拉底的行事和言论，分成若干章节，以虚拟对话的形式，希望让读者在较轻松愉快的情形下，能够对这两位东西方最重要的思想家、精神导师获得一些基本的了解。

　　东方与西方有着完全不同的思想，现在俨然已经成为一种公认的真理，庶几不必再议。然而在撰写这本小书的过程中，笔者却惊讶地发现，孔子和苏格拉底，这两位分别被视作东西方历史上产生最深远、最重大影响的人物，其思想中却有非常多的共通之处，而这除了很少的诸如教育之类的几点之外，几乎从未被提及。而且，他们真正的思想，与社会上的一般认知，似乎也颇有出入。

　　在日常的口耳相传中，人们习惯于采用一两句名言或一些不知何时灌入脑内的观念，津津乐道于诸如孔子出身破落贵族，因而一生梦想恢复贵族的荣光，讲究阶级、秩序，以"礼"来束缚人等等——这大约是从五四运动开始，一直到"文革"高呼打倒孔老二而留下的后遗症。即便现在国学热兴起，孔子的地位似乎得到了一定程度的恢复和提高，但能够完整地读一遍《论语》的人恐怕不多，而会从《易经》、《礼记》、《庄子》等其他经部、子部要籍中寻找孔子的话语，从而增加对其了解的人，大约就更少了。

至于苏格拉底，大家第一反应是：哦，他是有名的智者！对西方哲学较有兴趣的话，也许可以念叨几句"认识你自己"、"知识即美德"，或者笑嘻嘻地八卦着他家河东狮吼、淋以洗脚水的故事。然后，鉴于西方精神应该是民主、自由的，那么作为其思想源头之一的苏格拉底，自然也应该高歌民主自由，与封建礼教的源头孔子非得南辕北辙不可。

嗯，说实话，我原来也这么想。但写完这本小书之后，我的三观被刷新了。在阅读原始文献的过程中，我看到东方的孔子其实也颇为开放，而西方的苏格拉底非但可能不那么赞同民主，甚至是被民主政府处死的（我想，没人会认为这个判决是正当的）。当然，以上所有言论，都基于一般的读者而言。若有专研孔子或苏格拉底或兼顾二者的学人，或许觉得我大惊小怪，甚至可能根本不认同我的观点，对此我是完全做好接受批评的准备的，我也绝不敢说，自己是这方面的专家。颜回曾经感慨，孔子于他而言，是"仰之弥高，钻之弥坚，瞻之在前，忽焉在后"，如此高深而难以捉摸。孔子最喜欢的学生尚且如此,我又哪里敢说,自己便能够明白孔子了呢? 又哪里敢说,自己能够明白与孔子同样伟大的苏格拉底呢?

对孔子与苏格拉底的学习,还有一个困难之处,即在于这两位导师都"述而不作",没有写过一本完整阐述自身思想的著作。孔子曾整理儒家经典,在《诗》、《书》、《礼》、《易》、《春秋》的删削编订中,或者还略可有所窥测,但也是少而模糊的;苏格拉底则连这些都付阙如。基本上,可以说他们两人的思想,都是通过别人的记载而传承下来的。这其中,承担主要任务的当然是他们的学生。学生们记下老师说过的话,有时还记一些做过的事情,有时又写自己对老师的回忆。东一条西一条的,有些比较集中地围绕一个主题,可一会儿又岔开了,再翻过几章,又谈到这个主题。这就给后来的读者们增添了额外的麻烦。但比起散落于同时代其他人著述中的信息,能够汇集于一本书里的语录,已经算很方便阅读的了。零散,这是第一个问题。

如果说这个问题,通过勤奋还可以解决的话(前人已经做过重新整理归类的工作,如果不满意自己还可以再做一遍),第二个问题可能是真正无解的。那就是哪些是孔子和苏格拉底真正说过的话,哪些是弟子们在记录中加入了自己的阐释而产生偏差的,哪些干脆就是别人托名而写、两位导师根本没说过的。当然，两千多年来，学者们对这方面已经做了很多很多研究，比如《论语》的真实性基本上得到一致认可，《易》、《礼》等儒家经典问题也不大，但子部书籍如《庄子》、《吕氏春秋》内的零散记载就不那么可靠了，而《孔子家语》等虽然明确打孔子旗号，却一般被认为是伪书。而苏格拉底这边，柏拉图整理的《游叙弗伦》、《苏格拉底的申辩》、《克力同》记载了苏格拉底在判决他死刑的那场庭审之前、之中、之后的行事和言语，可以说与色诺芬的《回忆苏格拉底》并列，是了解苏格拉底思想的最基础典籍，但二者已略有差别，后世屡有争议，究竟是谁更接近老师的原貌，至今没有定论——恐怕也不可能有了。柏拉图的其他著作如《理想国》同样记载苏格拉底与别人的对话，则许多学者都认为其中有许多是柏拉图借老师之口立论，并非完全实录。然而话又说回来，即使苏格拉底并未一字一句地说过那些话，但在平时曾表述过相关观点，而作为他最得意的弟子，柏拉图将自己学习到的老师的思想，重新组织之后表述出来，难道不是也很有可能的吗？因此，即便有假托之嫌，也不能不承认《理想国》中的"苏格拉底说"应当包蕴了苏格拉底的意见。孔子和苏格拉底对后世产生的影响，本就是通过他们学生的记述而来，重要的其实并不是他们作为个人是否真正说过某一句话，而是那些话被后世一代代接受、学习，对塑造文明产生作用。因此，要具体分辨柏拉图著作中哪些是忠实记录，哪些加上了自己的发挥，既不可能，也无必要。至少在本书中，我们将他所记述的"苏格拉底说"，即视作为苏格拉底的思想。不过，由于苏格拉底"诘问式"的论述方式有时过于繁复，为免读者们不耐烦，书中适当采用了缩略概括的方式。

最后，孔子与苏格拉底的精神世界浩如烟海，我们这一本小书既不可能，也不打算将之一网打尽——如果有人声称能这样做，那一定是不可信的。我们想做的，是通过比较，找出两位哲人思想中有共通性的地方，他们共同关注、探讨过的话题，将这些部分呈现给读者，希望这样一个独特的切入点，能给读者以耳目一新之感，也打破东西方自古不同的一种习见。如果由此能引起大家的兴趣，进而去阅读原典，作进一步深入了解，那就更好不过了。

本书之作，承李鸣先生启发指点、钟锦教授慨然提供相关资料，又承沐斋先生赐图，在此一并致谢！由于学力有限，书中必定有很多不足之处，还请方家指正。

郭时羽

图书在版编目（CIP）数据

超时空对话：孔子与苏格拉底／郭时羽编著. —
上海：上海古籍出版社，2015.7（2019.12重印）
（咖啡与茶）
ISBN 978-7-5325-7728-6

Ⅰ.①超… Ⅱ.①郭… Ⅲ.①孔丘（前551～前479）
—哲学思想—研究②苏格拉底（前469～前399）—哲学思
想—研究 Ⅳ.①B222.25②B502.231

中国版本图书馆 CIP 数据核字（2015）第 163863 号

本书所使用的部分译文、图片无法联系作者取得使用权，故请作者
或版权持有者见到本声明后与本社联系，本社将按相关规定支付稿酬。

咖啡与茶
超时空对话：孔子与苏格拉底
郭时羽　编著

上海世纪出版股份有限公司
　　　　　　　　　　　　　出版发行
上海古籍出版社
（上海瑞金二路 272 号　邮政编码 200020）
（1）网址：www.guji.com.cn
（2）E-mail：guji1@guji.com.cn
（3）易文网网址：www.ewen.co

发行经销　上海世纪出版股份有限公司发行中心
制版印刷　上海丽佳制版印刷有限公司
开本　889×1194　1/36
印张　3$\frac{24}{36}$　字数100,000
印数　4,301 - 5,600
版次　2015 年 7 月第 1 版
　　　2019 年 12 月第 2 次印刷
ISBN　978-7-5325-7728-6/G·620
定价　29.00 元